読みなおす日本史

お家相続

大名家の苦闘

大森映子

吉川弘文館

目　次

6

補論　「お目見え」とお家相続

はじめに

江戸時代の大名の履歴は、史料によって微妙に記載が異なっている場合が多い。とくに誕生年の相違や、死亡月日の食い違いなどは、具体例をあげるには事欠かないほどであり、また場合によっては大名たちの履歴そのものが異なっている場合がある。例えば、一方では当主の息子とされているのに、他方では弟となっているような事例である。とくに幕府に提出された公的な系譜と、大名家の内部に残された系譜を比較してみると、意外なほどにずれがあることに気付くであろう。なぜ、こんな違いが生じるのであろうか。

大名の履歴にあらわれた公的世界と実態との乖離――。これが、大名家における相続問題に注目した出発点であった。

そもそも江戸時代においては、筋目正しい実子へ家督を譲ることが大原則とされていたが、江戸時代を通じて養子に頼ることなく家を継承し続けることができた大名家は、いったい何家くらいあったのであろうか。

幕初から幕末に至るまで、全く養子に頼ることなく家を継承し続けることができた大名家は、実は皆無に等しい。例えば大和郡山藩《やまとこおりやま》の柳沢家の場合は、一応取り立てられた段階から幕末まで、実子によって家を継承させえている。しかしこの柳沢家は、五代将軍徳川綱吉の側近として著名な柳沢吉保の時に大名として取り立てられた家である。従って大名家としての成立は十七世紀の終わりであり、これとても幕初からの事例というわけにはいかなかった。結局大名の家は、いずれも弟を養子とした り、一族の中から適齢の男子を貰《もら》い請けたり、また外孫やその血縁者、あるいは娘の婿養子に家督を継承させたり、場合によっては全く血縁もなく、同姓ですらない養子に支えられながら、存続を計っていったのである。

もちろん養子については、幕府への届け出と認可が必要であった。しかし幕府が同姓のみならず、異姓の養子、あるいは時として無縁の養子までをも認めて継承を許したのは、家の維持を重視したからに他ならないであろう。しかしそれでもなお、後継者を確保できずに絶家となる家があったことを考えれば、継承者を確保し、家を存続させていくことは、我々が考えるよりもはるかに困難な問題だったのである。

江戸時代の初期の段階では、たしかに改易政策は大名統制の一環として幕府権力を確立させるための重要な手段として機能していた。しかし、初期における幕府と藩の緊張関係が、そのまま江戸時代を通じて持ち越されるわけではなかった。従って、幕府としても失政や不行跡というようなよほど重大な問題でもない限りは、敢《あ》えて大名権力を排除する方針はとっていない。むしろ地域権力としての大名支配の安定化は、幕藩制的な秩序を維持する上で、幕府にとっても重要であった。そのため幕府も、大名家の家督継承については、将軍の承認を前提とすることを前面に押し出しながらも、養子問題や相続に関する制度を整備し、恣意《しい》的な相続を排除する一方で、大名家の安定的な継承を保証する道を提示していった。このようなあり方からすれば、幕府が常に大名の権力の拡大を警戒して有力大名の改易を画策しているとか、また大名の側も折あらば幕府の転覆を狙って策動したとかいうような幕藩関係の理解は、改めていかなければならないところであろう。

しかし相続問題は、将軍と大名の関係を規定する根幹である。基本的には大名家の存続を認める方針であったとしても、幕府支配の根幹や幕藩関係の変質に結びつきかねない問題を許容することはできなかった。幕府の相続規定においてなお、さまざまな制約があったのはそのためである。ところがその制約ゆえに、相続問題で苦慮しなければならない大名家が登場するのもまた事実であった。

一見、何事もなかったように整えられた公的系譜の背景には、巧妙に封印された大名相続の実態があり、家の存続をかけた大名家の苦闘があった。公的な史料と、大名家に残された史料の狭間から、そんな大名家の相続の実態をかいま見ることにしたい。

なお、本文中で利用させていただいた諸史料については、煩雑さを避けるため、注記を簡略化して最低限の出典を示すにとどめた。正確さを欠く部分があることを、お許しいただきたい。

第一章　江戸幕府の相続規定

一　相続手続きの原則

幕府の相続原則

代替わりの手続き

大名家の相続は、本来、将軍の承認によってはじめて実現するものであった。もともと将軍と大名の関係は、双方の個人的な主従関係を軸としていた。大名に対して所領の支配を認めるのは、将軍による「御恩」であり、一方、参勤交代を含めたさまざまな形の役務を果たすことが大名による「奉公」であった。その奉公は、本来は軍役であったが、平時においては、城や寺社の造営、また河川改修などのお手伝い普請、江戸城諸門の警衛や大坂城や駿府《すんぷ》城の勤番、禁裏関係の使節や朝鮮通信使に対する接待など多様な公儀の役目があり、いずれも将軍に対する奉公とみなされていた。

この将軍と大名の関係は、徐々に家と家との関係として固定化していき、よほどのことでもない限りは所領支配の継続が認められた。しかしそもそもが将軍と大名との個人の関係を前提とするものであったために、代替わりごとに更新手続きが必要であった。具体的には、将軍が替わると、数年のうちに新しい将軍の名をもって、それぞれの大名の所領支配を保証する宛行《あてがい》状が発給された。内容は従前と変わることなく、同じ文言の宛行状が新しい将軍の名で交付されることになる。

一方、大名家の代替わりの場合は、大名側からの相続願に対して、将軍から新しい当主に、家督相続と所領支配の継続を認める旨が「仰付《おおせつけ》」られ、その一連の手続きを通して、新しい当主は、はじめて大名としての立場が公認された。従って大名の代替わりにおいては、「仰付」が重い意味を持っており、これによってはじめて公的に相続が認められたのである。

大名の相続には、大きく分けると二通りの場合があった。まず第一は、当主の隠居による代替わりである。この場合は、隠居理由などを書き上げた隠居願とともに、後継者への相続を願う願書を提出する。幕府側はこれを受理した上で、あらためて当事者である当主と後継者を江戸城に呼び出し、隠居の許可と家督相続の仰付を行うことにより、当主の交替を認めた。この手続きは通例、同日中に行われるため、前の当主の隠居の月日と、新しい当主への家督仰付の月日は一致することになる。

ところが当主の死去に伴う相続の場合は、手続きが異なっていた。当主が死亡すると、まず死亡届が提出される。そしてこれと同時に、後継者は「服忌《ぶっき》」の届けを出さなければならなかった。通例、父親死亡の服忌は「忌日五十日服喪十三ヶ月」であり、忌日期間中は江戸城への登城を控えるのが原則であった。従って、後継者への家督継承の仰付は忌み明けの後になることが多かった。また忌み明け前に仰付がなされても「御礼」のための登城は忌み明け後であり、その段階で新たなる当主として公認された。

従って、前の当主の死亡月日から新しい当主の家督仰付までの間には、二ヶ月ほどの時間差があるのが一般的であり、公的にはこの仰付の月日が相続の日付として扱われた。

相続をめぐる空白

このような将軍と大名の個人的主従関係は、時代を経るに従って「将軍家」と「大名家」の関係に置き換えられ、相続仰付も次第に形式化していく傾向にあった。しかし、もともとが個人との関係を基軸としたものであったことは、時として思いがけない問題をひき起こすことがあった。相続までの時間差をめぐる問題も、その一つであろう。

当主死亡から、後継者に対する家督仰付までの空白期間の間に、跡継ぎが死亡してしまった場合を見てみよう。

元禄六年（一六九三）十月、備中《びっちゅう》松山藩五万石の水谷勝美《みずのやかつよし》は実子がいなかったため、末期段階で一族の勝晴を養子に申請して、一応受理された。しかし勝美の死亡後、養子に指名された勝晴は同年十一月「いまだ遺領賜らざるのうち」に十三歳で死亡してしまった。そのため、水谷家では改めて亡くなった勝美の庶弟を養子に申請したが、すでに勝美が死亡し、後継者に指名された勝晴も死去している以上、相続は認められないとして領地を没収されている。ただし水谷家は、「旧家」であることを理由に存続を許され、弟勝時は三千石の旗本となった。

また元禄十年、美作《みまさか》津山藩の森家は、十六万七千八百石の大名であったが、当主森長成は前年の六月、末期段階で一族の関衆利《もろとし》を後継者に指名したものの、衆利は家督仰付の前に乱心してしまった。そのため結局仰付を受けることができないまま、森家もまた改易となった。しかし森家の家名は、長成の祖父の森長継への継承が認められた。長継は、備中西江原藩二万石を与えられ、森家は大名家としての存続が許されている。

このような状況からも明らかなように、当主死亡から後継者への継承認可までの間は、大名家にとっては当主不在の不安定な時期であった。そして万一にも、この間に後継者死亡ということにでもなると、そのままでは次の後継者を立てられないのが原則であった。その意味では水谷家や森家の事例では、もはや次の後継者を指名できる資格者がいなくなっていたのである。

つまり新しい当主が認可を受けるまでの空白の時は、正しく家の存続に関わる重要な時期であった。

十七歳の制約

相続をめぐる年齢制限

さて、幕府の相続規定の上でもう一つ見逃せないのは、養子を迎えることができる年齢の問題であるが、その前に、まず養子をめぐる規定から確認しておこう。

大名相続においては、嫡男への相続が基本であった。もっとも十七世紀の段階では、必ずしも長男でない場合や、分割相続による継承も見られたが、十八世紀以降になると、ほぼ嫡男による単独相続の形が取られている。そして本来、家督は実子への相続が原則とされたが、実子不在の場合には、養子への相続も認められた。

幕府の規定によれば、養子選択にあたっては、まず同姓の弟を筆頭として甥《おい》や従弟《いとこ》、その子など同姓の男子を優先することが明記され、血縁的親疎を重視すべきことが強調されている。しかしその一方で、同姓中に適格者がいない場合には、入り婿や外孫も養子とすることが可能であり、さらに一門、あるいは遠類中にも適格者がいなければ、「続きはござなく候」という無縁の養子さえ認められる場合があった。その意味では、血縁的な順位を無視しない限りは、正規の届け出と手続きによって、幅広い中から跡継ぎの養子を迎えることが可能であった。

家の存続という点では、慶安四年（一六五一）には末期養子（急養子）の禁が緩和されたことが大きかった。急養子とは、臨終間際の病床から養子の申請を行い、相続を願うことである。後に詳述するが、急養子が認められたことによって、それまで実子にめぐまれなかった大名でも、緊急に養子をたてることができるようになり、後継者がいないことを理由とした大名家の断絶は減少することになった。

ただし、急養子の禁の緩和にもかかわらず、養子を迎えることが認められない場合があった。それは当主が五十歳以上、あるいは十七歳未満の場合である。

実は幕府の相続原則では、たとえ生まれたばかりの幼児であっても、血縁的な正統性があれば家督相続は可能であった。しかしその子が十七歳を迎える前に死亡した場合、つまり、「諸大名十七歳より内にて死去の時」には、「御大法の通り跡目仰せつけられず」（『柳営秘鑑』）とされているように、大名の当主が十七歳未満で亡くなった場合には、原則として相続が認められず、お家断絶となる可能性があったのである。

また五十歳以上に対する制約は、その年齢ならば当然跡継ぎを定めておくのが武士としての嗜《たしな》みであるという発想に基づくものであった。ただし後継者が急死したような場合は例外的に急養子を認めるなど、五十歳以上に対する制約は次第に緩和されていった。しかし、十七歳未満については一時「武家諸法度」の条文の上では、緩和の方向が示されながらも十八世紀以降の法令ではむしろ制約は厳しくなり、なお相続上の大きな枷《かせ》となっていた。

大名家の相続関係の史料を見ていると、思いがけないほど「十七歳」という年齢へのこだわりが窺《うかが》える。ある大名家では、「殿様来年御十七歳になられ、御家中安堵《あんど》」（『伊達家御歴代事記』）としているように、まもなく当主が十七歳を迎えることを喜び、お祝い事が催されていた。また別の大名家でも、養子候補が若年であることを懸念し、「十七歳以前にて、もしまた病変もあらば家の災害となるべし」（『黒田家譜』）とする。つまり養子候補が十七歳になる前に、重病となり病死するような事態にでもなれば、家の存続に関わる重大事だというのである。

もちろん十七歳未満であっても、家の存続が絶対に認められないわけではなく、存続の如何《いかん》は、将軍の思召《おぼしめし》次第であった。事実将軍の思召によって、弟や一族に家の継承が許可されている事例も見受けられる。従って当主十七歳未満の死亡が、そのままお家お取り潰しにつながるわけではなかった。

しかし、この相続原則が適用されて、断絶となっている家があることからすれば、江戸時代の大名の認識としては、十七歳を境として、相続をめぐる扱いが大きく異なるものと考えられていたのである。

若年当主の死亡と家の存続

少し、実例を見てみよう。表1は、末期養子が許可された慶安四年（一六五一）から幕末までの間に、当主が十七歳未満で亡くなっている事例を抽出したものである。

この表を見ると、大名家の当主が十七歳未満で死亡した場合、全く相続が認められずに絶家となっている事例がある一方で、従来通りの所領が保障されている場合や、領地替えや所領の削減を伴いながらも、一応家の存続が認められている事例もあった。ただし、従前通りの存続が認められているのは、表中では七件を確認できるが、実はいずれも特殊な家であった。

例えば御三家の一つである尾張徳川家の場合、正徳三年（一七一三）に五郎太が三歳で夭逝《ようせい》したが、尾張家は叔父《おじ》の継友が継承した。また幕末の当主慶臧《よしつぐ》の若年死亡に対しても、相違なく相続が認められているが、これは御三家故の措置であろう。さらに宝暦八年（一七五八）の越前《えちぜん》福井藩松平重昌の

表１　【大名家当主十七歳未満死亡の場合の扱い】（慶安４年以降）

年	当主	年	所領	万石	所領の扱い	
明暦1（1655）	片桐為次	15	大和竜田	3.3	減封	→弟且昭（3000石）
明暦3（1657）	山崎治頼	8	讃岐丸亀	4.5	断絶	
寛文5（1665）	松平重利	7	下野皆川	1.05	断絶	
寛文10（1670）	池田邦照	13	播磨新宮	1	減封	→弟重教（3000石）
延宝3（1675）	土井利久	10	下総古河	10	減封	→叔父利益（7万石）
延宝6（1678）	池田恒行	4	播磨山崎	3	断絶	
延宝7（1679）	戸川安風	9	備中庭瀬	2	減封	→弟逵富（5000石）
元禄5（1692）	遠藤常久	7	美濃郡上	2.4	減転封	→戸田胤親（1万石）
元禄9（1696）	小出英及	3	但馬出石	4.5	断絶	
元禄11（1698）	水野勝岑	2	備後福山	10.1	減封	→水野勝長（1万石）
宝永6（1709）	本多忠孝	12	越後村上	15	減封	→本多忠長（5万石）
正徳1（1711）	本庄宗胡	8	越前高森	2	断絶	
正徳2（1712）	中山信順	16	常陸松岡	2.5	無相違	中山信昌相続
正徳3（1713）	徳川五郎太	3	尾張名古屋	61.95	無相違	叔父松平継友相続
享保1（1716）	小笠原長邑	6	豊前中津	4	減転封	→弟長興（1万石）
享保3（1718）	毛利元矩	15	長門府中	4.78	断絶	
享保4（1719）	浅野長経	13	備後三次	5	断絶	
享保5（1720）	浅野長寔	13	安芸国内	5	断絶	
享保7（1722）	本多忠村	10	大和郡山	11	減封	→弟忠烈（5万石）
享保8（1723）	本多忠烈	14	大和郡山	5	断絶	
享保9（1724）	安藤陳定	8	紀伊田辺	3.8	無相違	安藤雄能相続
享保11（1726）	京極高寛	10	但馬豊岡	3.3	減封	→弟高永（1.5万石）
享保11（1726）	松平浅五郎	14	美作津山	10	減封	→松平長熙（5万石）
享保14（1729）	松平義真	16	陸奥梁川	3	断絶	
享保15（1730）	安藤雄能	16	紀伊田辺	3.8	無相違	安藤次由相続
宝暦8（1758）	松平重昌	16	越前福井	30	無相違	一橋重富相続
天明5（1785）	黒田長堅	16	筑前秋月	5	無相違	黒田長舒（若年養子許可）
文化14（1817）	酒井忠全	3	播磨姫路新田	1	断絶	
嘉永 2（1849）	徳川慶臧	14	尾張名古屋	61.95	無相違	松平慶勝相続

＊18世紀になると、「相違なく相続」が認められている場合もあるが、特殊な家に限られていた。

＊18世紀後半以降は、大名当主の17歳未満の死亡事例そのものが減少。４件のみ。

場合も、徳川親藩の名門であったことによるものであった。ただし『徳川諸家系譜』の記載によれば、「特命をもってこれを賜う」としているように、あくまでも特例であったことが明記されている。

これと対照的なのが、享保十一年（一七二六）の美作津山松平家の扱いである。津山藩の場合も、同じく徳川一門の家柄であったが、当主浅五郎が十四歳（実は十一歳）で死亡したのに対して、一応一族の松平長熙《ながひろ》に家督の継承が認められたものの、領地は十万石から五万石に半減された。この津山藩の扱いを見れば、徳川の一門であっても、十七歳の年齢的制約が適用される場合があったことを物語っている。

さて、この他に所領の削減や領地移転を伴わずに相続を許されたのは、中山家（信順《のぶのり》）と安藤家（陳定《のぶさだ》・雄能《かつよし》）の二家である。実はこの両家は、幕府から水戸《みと》徳川家と紀州徳川家に附属させられたいわゆる附《つけ》家老の家であった。従って、この両家は大名としての側面もさることながら、同時の御三家附属家老という特殊な家であり、通例の大名家とは同一視できない要素をもっていた。

残る一例は、天明五年（一七八五）の筑前《ちくぜん》福岡藩の分家、秋月藩黒田長堅《ながかた》の事例である。ただしこれは、当主長堅（十六歳）が病弱であったことを理由に、退身（隠居）を認め、養子黒田長舒《ながのぶ》への相続を認めたものであった。これは、本家にあたる福岡藩黒田家が長崎守衛という特殊な公務を担っていたことによるものであった。当時の黒田本家の当主斉清はまだ九歳であったが、実は一橋家からの養子であり、将軍家斉の甥にあたる男子であった。もっとも黒田家の相続には更に複雑な要素があったようだが、少なくとも表向きは将軍縁戚《えんせき》となっている黒田家の申し出に対して、幕府が特例措置を認めたものである。従って、これを一般の大名の事例にあてはめることは困難であろう。つまり当主が十七歳未満で死亡した場合に、「相違なく相続」を認められた七例は、御三家あるいは特殊な家柄であった。

一方、十七歳未満の当主死亡に伴って絶家とされ、存続が許されなかった事例は、十一例である。ただし十八世紀になると、存続が許されなかった七例のうち五例までが分家大名であった。例えば、享保三年に解体された長門《ながと》府中藩は萩藩毛利家の分家であり、享保四年に改易となった備後三次《びんごみよし》藩は広島藩浅野家の分家である。その意味では、十八世紀以降の改易事例を見ると、存続が認められなかったのは、分家大名を除くとわずかに正徳元年（一七一一）の越前高森藩の本庄宗胡《むねひさ》と、享保八年（一七二三）の大和郡山郡の本多忠烈《ただつら》の二例であった。

しかしそれ以上に注目したいのは、十八世紀後半になると、大名当主が十七歳未満で早世する事例そのものがほとんど見受けられなくなる点である。見落としがあるかも知れないが、一七五〇年からほぼ約一世紀の間に十七歳未満の当主死亡が確認できるのは、すでに指摘した越前福井藩の松平重昌（十六歳）、筑前秋月藩の黒田長堅（十六歳）、尾張名古屋藩の徳川慶臧（十四歳）、それに播磨《はりま》姫路新田藩酒井忠全《ただやす》（三歳）の四例にとどまる。しかもこの中で、解体されたのは姫路藩酒井家の分家である姫路新田藩の一例のみであった。

これはいったい何を意味しているのだろうか。若年死亡率が激減したのならば辻褄《つじつま》が合うが、むしろ大名子女の幼年・若年死亡は相変わらず多いのが実情であり、相続問題で苦慮する大名は少なくなかった。それならばなぜ、十八世紀後半から十七歳の制約に関わる事例が減少したのであろうか。

そのあたりを念頭に入れつつ、「十七歳」を一つのキーワードとして江戸時代における相続の具体例を見ていくことにしよう。

二　跡継ぎの確保と家の存続

徳川一門の後継者選び

江戸時代において、数代にわたって家を受け継いでいくことは、思うほど容易ではなかった。中期くらいまでの状況を、まず徳川将軍家や御三家を例に相続という観点から概観してみたい。

将軍の跡継ぎ

徳川将軍の場合、家康の跡を受けて将軍職に就任したのは、三男の秀忠であった。その後、三代目の家光、四代目の家綱までは実子による相続が可能であったが、家綱には男子がなかった。延宝八年（一六八〇）、家綱は四十歳を迎えるが、生来あまり健康でなかったこともあり、後継者問題が浮上するようになった。ただし男子誕生の可能性がなかったわけではなく、事実、そのような噂もあったらしい。『武野燭談《ぶやしょくだん》』という史料は、側室の一人が懐妊中であったという話を伝えている。しかし結果的には、家綱の弟で三代将軍家光の四男である綱吉が後継者として五代将軍に就任することになった。将軍家にとっては、はじめての養子による家の継承である。

系図1【将軍家略系図】

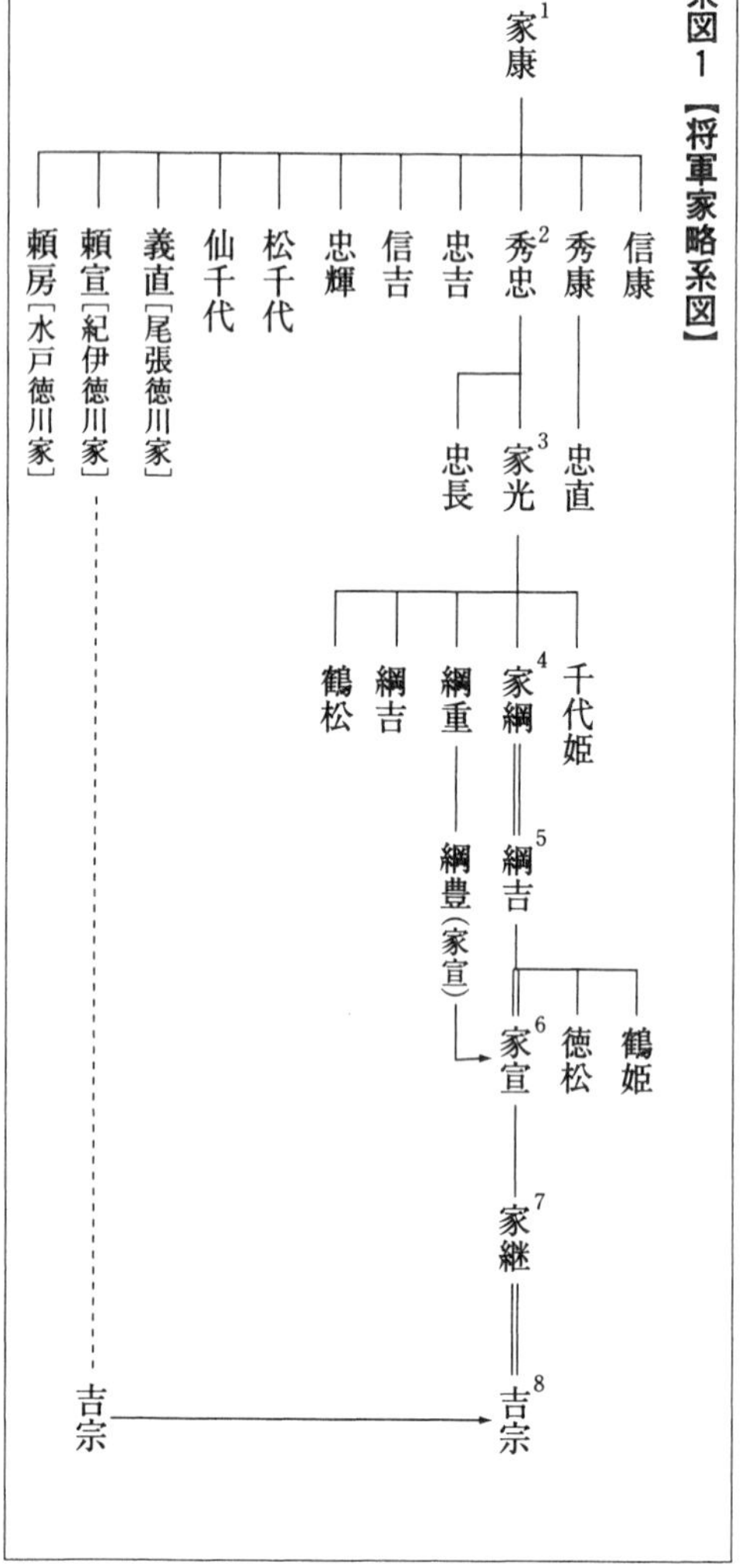

五代将軍綱吉も実子徳松を幼年にして失い、その後は男子にめぐまれなかった。自らの血筋にこだわる綱吉は、紀州徳川家の綱教《つなのり》に嫁がせた一人娘鶴姫に男子が誕生することを期待していたとされる。しかし宝永元年（一七〇四）に鶴姫に先立たれたことをきっかけとして、綱吉は甥の家宣《いえのぶ》（綱豊）を養嗣子に決定した。家宣は、綱吉の兄綱重の子である。

六代将軍家宣は、宝永六年に綱吉の跡を継いだが、在世期間は四年足らずであり、正徳二年（一七一二）には、わずか四歳の七代将軍家継の代となった。この幼将軍家継が、四年後の正徳六年に夭逝したことにより、この段階で秀忠の流れをくむ徳川宗家の血統は断絶した。そして紀州徳川家の当主吉宗が、八代将軍として迎えられたことはよく知られているところである。それでは徳川御三家の後継問題はどうだったのだろうか。

御三家の相続事情

〔尾張徳川家の男子たち〕

家康の九男義直を初代とする尾張家は、子どもが多かったにもかかわらず、若年・幼年死亡率の高さに悩まされることになる。

初代義直の実子は、嫡子光友と女子一人のみであったが、二代目の光友には十七人の実子があった。しかし無事に成長したのは、嫡子綱誠《つななり》の他七名に過ぎず、その他は夭逝の運命にあった。さらに三代目の綱誠には三十八人の子女があったが、成人に達しているのは、わずかに男子五名と女子一名のみである。ことに延宝四年（一六七六）に第一子が誕生してから元禄二年の吉通《よしみち》誕生に至るまでの十三年間は、子女の夭逝が相つぎ、結局、綱誠の跡を継ぐことになったのは八番目の男子吉通であった。吉通の家督相続は元禄十二年（一六九九）、十一歳の時である。吉通は一男二女に恵まれたが、正徳三年（一七一三）に二十五歳の若さで早世してしまう。その跡を受けて尾張家の当主となった遺児五

系図2【尾張徳川家略系図】

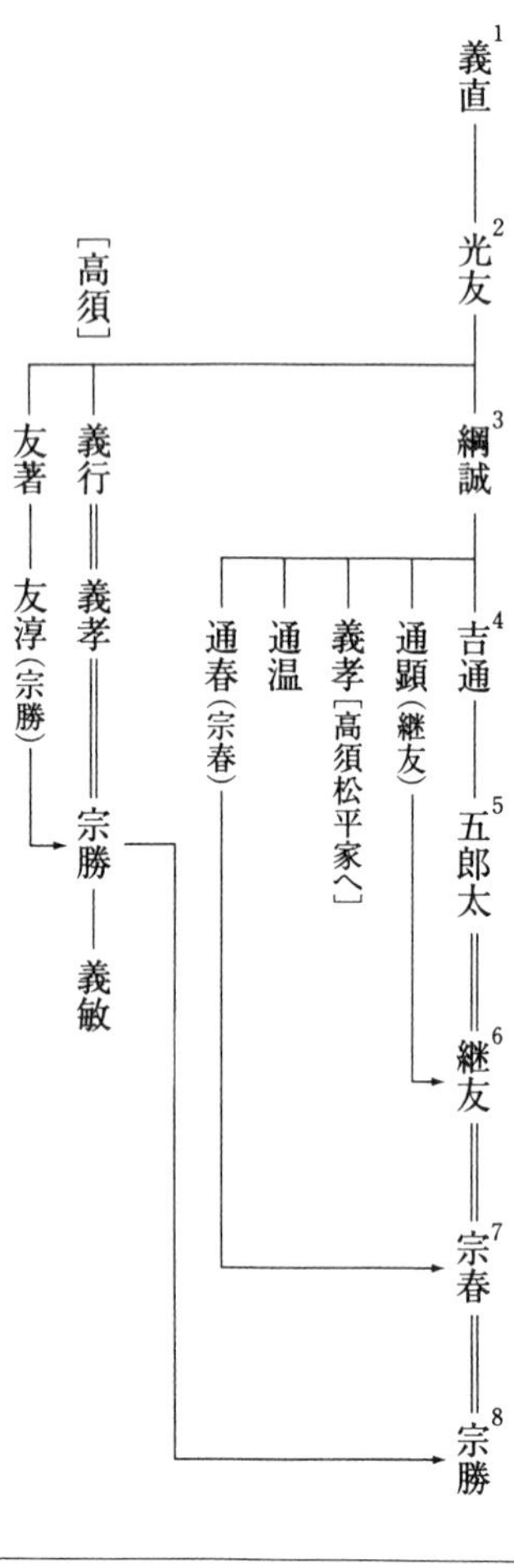

郎太は、まだわずかに三歳であった。しかもこの五郎太も相続の二ヶ月後に亡くなり、尾張家の直系もこの段階で断絶した。

尾張家では、四代目藩主吉通の弟、つまり五郎太の叔父をもって家の存続をはかることになる。六代目の継友、および七代目の宗春はいずれも吉通の弟であり、それぞれ分家大名として独立していたが、本家の継承のために呼び戻された。二代にわたる傍系への相続により、尾張家も辛うじて義直の血統を維持し、存続を果たし得たのである。

〔紀州徳川家の宝永二年〕

一方、紀伊家の祖頼宣《よりのぶ》は家康の十男であるが、紀伊家の場合は尾張家とは異なり、幼年死亡に悩まされることはなかった。初代頼宣には二人の男子があり、長男の光貞が紀州家を相続し、次男頼純《よりずみ》は分家にあたる伊予《いよ》西条藩松平家を興している。二代目の光貞は四人の男子に恵まれ、次男は早世したものの、綱教、頼職《よりもと》、頼方《よりかた》（吉宗）の三人はいずれも順調に成長し、嫡子綱教が家督を継承する一方、二人の弟もそれぞれ三万石の大名として取り立てられた。綱教は将軍綱吉の一人娘鶴姫を妻に迎え、紀伊家の三代目を継いだが、宝永二年（一七〇五）五月に実子のないまま急死した。紀伊家の家督は、

系図3【紀伊徳川家略系図】

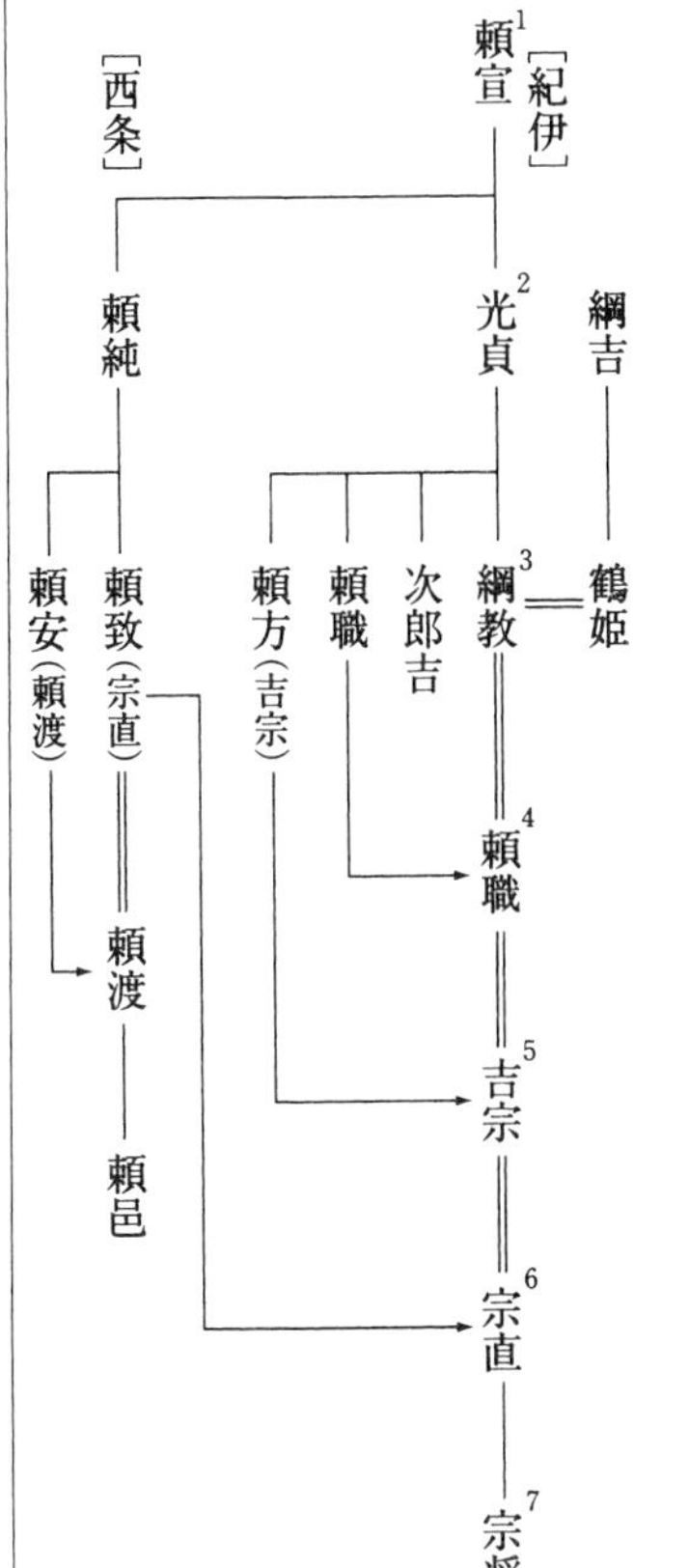

兄綱教の急養子となった次弟頼職に引き継がれた。しかし頼職もまた四ヶ月後の九月に二十六歳で急逝した。たてつづけの兄たちの死去により、紀州徳川家を相続することになったのが、光貞の四男で、当時は分家大名の当主に過ぎなかった吉宗である。

このように紀伊家の場合は、後継者の夭逝がきっかけだったわけではないが、不測の事態が重なり、後継をめぐる混乱をきたすことになった。しかも前年の宝永元年には綱教の妻であった鶴姫が亡くなったばかりであり、宝永二年の八月には隠居の光貞も他界している。その意味でも宝永元、二年という年は紀伊家にとって波乱の時期であった。

それから十年後の享保元年（一七一六）、七代将軍家継の夭逝により吉宗は徳川宗家の相続者となった。この時、吉宗は長男家重、次男宗武とともに将軍家に入ったため、結局紀州家の当主の座は空白となってしまった。かわって紀伊家を相続したのは、分家伊予西条藩の当主で、吉宗にとっては従弟にあたる宗直であった。一方西条藩の方は、宗直の弟である頼渡《よりただ》が相続することになったのである。

〔水戸徳川家の相続〕

さて、水戸家は家康の十一男頼房を初代とする家だが、頼房の長男頼重は讃岐《さぬき》高松藩松平家の祖となり、水戸藩は弟の光圀《みつくに》が相続した。両家の後継者については、光圀の意志により、頼重は光圀の男子頼常を養子とし、光圀は頼重の子綱方を養子として、お互いの家を継承させることとした。これは弟の立場でありながら本家を継ぐことになった光圀が、中国の故事に従い、兄の血統に本家の家督を継がせようとしたことによる養子の交換であった。従って両家の養子は、家の存続のための養子ではなく、光圀が信奉する儒教的思想に基づく後継者の交換であった。

しかしその方針も順当に実現できたわけではなかった。光圀の嗣子となった綱方は相続前の寛文十年（一六七〇）に亡くなってしまった。そのため、光圀はふたたび高松藩より綱方の弟である綱条《つなえだ》を迎え、兄の子に水戸家を継がせるという本来の方針を全うした。ところが水戸家を相続した綱条には、十名の実子があったものの、嫡子吉孚《よしまさ》一人を残して他は男女とも早世してしまった。しかも吉孚もまた娘一人（美代姫）を残し、二十五歳の若さで亡くなった。そのため水戸藩の存続は、再び分家の高松藩に頼らざるを得なくなった。ただし、光圀の息子で、高松松平家を相続した頼常も男子にめぐま

系図4【水戸徳川家略系図】

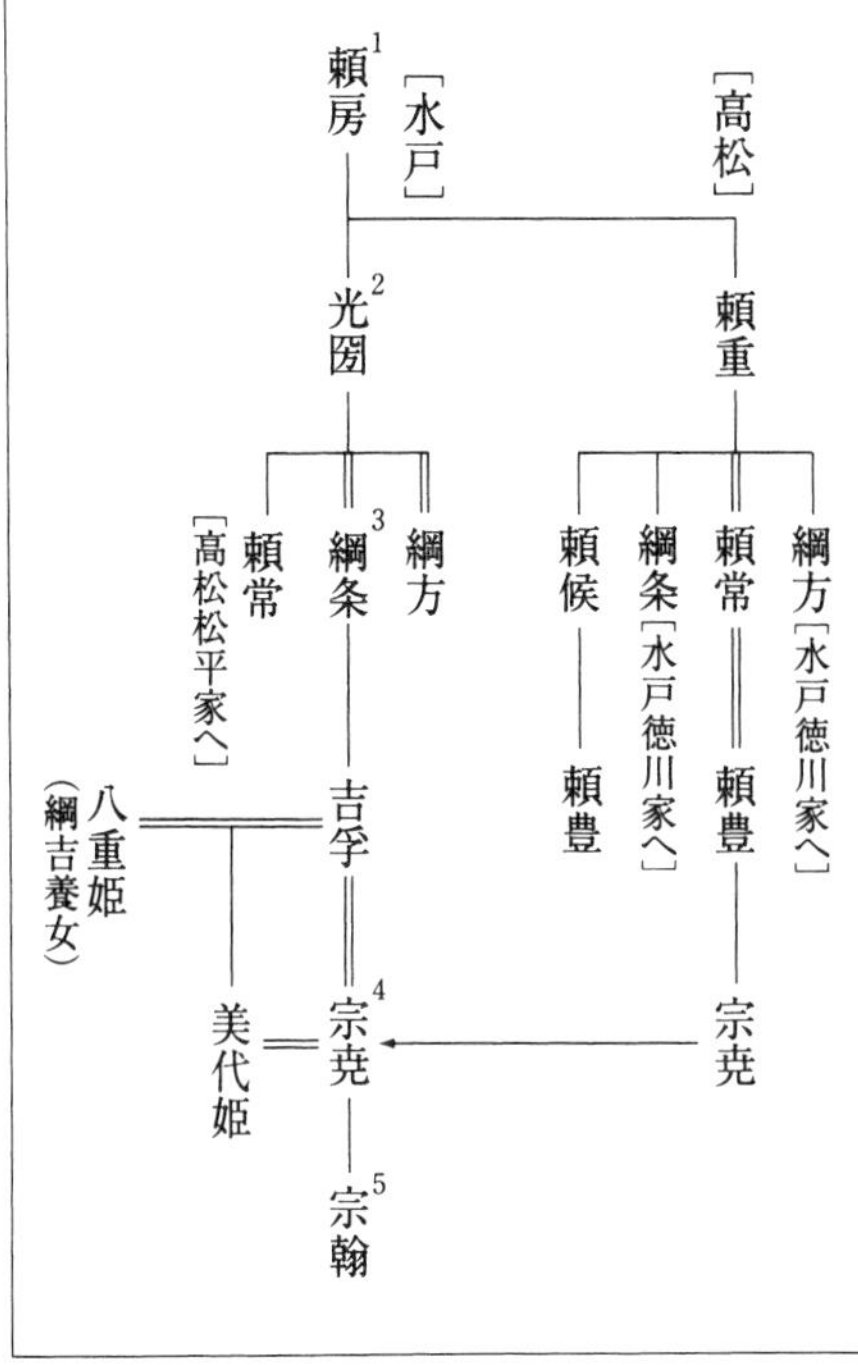

れず、すでに光圀の血筋は途絶えていた。従って当時の高松藩はもはや光圀の血統ではなくなっていたが、結局、高松藩の松平頼豊の長男宗尭《むねたか》を美代姫の婿に迎えることで、水戸家の継承をはかることになったのである。

右のような状況からすれば、中期にいたる御三家においてもまた、多かれ少なかれ相続上の問題を抱え、後継者確保に苦慮していたことは明白であろう。このような徳川諸家の状況に象徴されるように、実子による家の継承はそう簡単には実現できなかったのである。

大名子女の死亡率

このような不安定さは、むろん徳川一族に限ったことではなく、諸大名家においても同様であった。その背景として指摘されているのは、遺伝的に無理のある婚姻や政治的要素を優先させた結婚により、生まれつき虚弱な子女が多かったとする説、あるいは疱瘡《ほうそう》や麻疹《ましん》（はしか）などの流行による死亡が多かったとする説などがある。とくに疱瘡の場合は、養子を選択する際にも罹患《りかん》済みであるかどうかが話題になるほどであり、流行病《はやりやまい》による死亡率の高さは家の存続を阻む大きな要因となっていた。

さらに乳幼児死亡率の高さに対しては、医学的見地から水銀中毒の問題も指摘されている。大名の子女は乳母によって養育されるのが一般的であったが、彼女らが化粧に使用する白粉に含まれる水銀が幼児の健康を害する結果になったというのである。いずれにせよ、大名子女の突然の死去は、家の断絶につながりかねない大問題であった。その意味では、諸大名の後継者確保は、想像をはるかに超える困難さを伴うものであった。

岡山藩池田綱政の継嗣

池田綱政の悩み

もう一例、子女の早世により後継者確保に翻弄《ほんろう》された大名家の事例を紹介しておこう。取りあげるのは、岡山藩池田家である。池田家は、備前《びぜん》・備中に領地を有する三十一万五千石の大名であり、初代光政以来、寛政六年（一七九四）に六代目の斉政が襲封するまで、養子に頼ることなく、実子によって継承されてきた家であった。それも三代目の継政以外は、いずれも嫡出男子による相続である。多くの大名家が、嫡出どころか実子による継承もままならず、養子に頼らざるをえなくなっている実情からすれば、むしろ池田家に相続上の難問があったとも思われない。しかし、実態は必ずしもそうではなかった。とくに後継者確保で苦慮することになったのは、二代目の綱政である。

綱政の場合、実子にめぐまれなかったわけではなく、むしろ子女の数だけはずば抜けて多かった。『寛政重修諸家譜』を見ると、綱政の子女は十四人が記載されているが、これはある程度成長した子女であり、実はこれ以外にも未届けの男女が何人もいた。一説によれば、「御子七十人おわせし」（『池田家履歴略記』）とさえ言われていたほどである。七十名というのは、些《いささ》か大げさすぎる数値であろう。

しかし綱政に多数の子女があったことは紛れもない事実であり、十九世紀に編纂《へんさん》された池田家の系譜によれば養女二名を含めて、五十人の子女が書き上げられている。ただし系譜編纂者にも確定しきれなかった部分があった模様で、このうちの数名については来歴不明であり、場合によっては重複の可能性もある、と注記している。しかしこれを除外しても、綱政の実子が四十名を超えることは確実である。ところが四十名以上の実子がいながら、十歳を超えたのは男子五名、女子七名だけであり、無事に成長したのは約三分の一どまりであった。これは、いかに夭逝・早世者が多かったかを如実に示すものであろう。

綱政の息子たち

少し具体的に、綱政の後継問題について検討してみよう。綱政の男子については、表2に見る通り二十名を確認できる。綱政の正室は陸奥《むつ》二本松藩の丹羽《にわ》光重の娘千子であり、彼女との間に三人の女子が誕生しているが、結局男子には恵まれなかった。従って綱政には嫡出の男子はなく、いずれも庶出であった。

綱政は寛文十二年（一六七二）に父光政の隠居にともない、三十五歳で池田家の当主となった。しかし、部屋住の頃に儲《もう》けた男子三名（土松、山三郎、政之助）はいずれも早世しており、相続段階ではまだ実の男子はなく、後継者は確定していなかった。

襲封後にはじめて誕生した男子は、延宝二年（一六七四）生まれの輝尹《てるただ》である。また翌年には恒行

表2　【綱政男子一覧】「池田氏系譜」より作成

名	生母	生　年	没　年	行年	備　考
［土松］			万治1.7.25（岡山）		
［山三郎］			万治3.7.25（岡山）		
［政之助］			寛文3.2.28（岡山）		
輝尹［新八郎］		延宝2.7.26（岡山）	延宝7.1.1（岡山）	6	
恒行［数馬］	［初］	延宝3.7.17（岡山）	延宝6.12.27（江戸）	4	池田政元養子（延宝5年）
吉政［岩千代］	吉見氏	延宝6.9.10（岡山）	元禄8.9.29（江戸）	18	嫡子、早世
［百之助］			延宝7.12.12		
［熊千代］		延宝7年（江戸）	貞享3.3.17（江戸）	8	
軌隆［主膳］	村田氏［菊野］	延宝8.8.5（岡山）	享保5.3.4（岡山）	41	
［禎五郎］		天和元年（岡山）	貞享3.3.3（岡山）	6	
［戌千代］		天和2年（岡山）	元禄2.8.2（岡山）	8	家老土倉一長養子（天和2年）
［岡之助］	吉見氏	貞享3年（岡山）	元禄5.7.22（岡山）	7	
［鉄之助］			元禄8.9.6（岡山）		没年異説あり
［正千代］			元禄10.11.8（江戸）		
政順［正千代］	水原氏［高科］	元禄9.8.19（岡山）	宝永6.9.29（江戸）	14	嫡子、早世
［安千代］		元禄14.2.9（岡山）	元禄14.10.晦（岡山）	1	
継政［茂重郎］	水原氏［高科］	元禄15.8.17（岡山）	安永5.2.6（岡山）	75	家督相続
政純［豊次郎］	水原氏［高科］	宝永3.6.10（岡山）	明和3.5.24（岡山）	61	家老池田由勝養子（宝永7年）
［新之助］			?		
［助次郎］			?		

空欄はいずれも不詳。

が生まれているが、恒行の方はまもなく分家大名の播磨山崎藩池田政周《まさちか》の養子として山崎藩を相続することになり、本家から離れた。しかしその翌年の延宝六年、恒行は四歳で夭逝し、結局山崎藩池田家はこの時点で断絶した。

一方、岡山本家においても、後継候補とみなされていた輝尹が、延宝七年にわずか六歳にして亡くなった。ただしその四ヶ月前には、六番目の男子吉政が誕生していた。綱政四十歳の時の男子であるが、他には男子がなかったために、吉政は輝尹の死去とともに後継候補の第一位とみなされるようになっていた。そして天和三年（一六八三）、六歳になった吉政は江戸に赴くことになり、嫡子として正式に幕府へ届けられた。さらに二年後に、将軍綱吉へのお目見えを済ませた吉政は、その後、従四位下備前守に叙任され、また将軍綱吉から「吉」の字を拝領した。「吉政」の名乗りは、実はこの元禄五年（一六九二）からである。このように吉政は、お目見え、叙任、将軍名の一字拝領など、池田家の嫡子としての体裁を徐々に整えていくことになった。ところが十八歳を迎えた頃から健康状態が危ぶまれるようになり、結局、吉政は元禄八年九月に江戸で死去した。綱政は、五十八歳にして再び後継者問題を突きつけられることになったのである。

延宝六年に吉政が誕生してから、元禄八年に死去するまでの十八年間に、綱政には七名の男子が誕生していた。しかし延宝八年（一六八〇）生まれの軌隆《のりたか》一人を除いては、いずれも早世という運命であった。五十八歳という綱政の年齢を考えれば、本来、すぐにも後継者を確定しておく必要があった。

当時唯一の男子であった軌隆は十六歳であり、後継者としては適齢のはずである。しかし、綱政は彼を正式の後継とすることをためらっている。その理由としては、幼少より「病弱」であったことが挙げられているが、真意のほどは定かではない。あるいは綱政と軌隆、およびその周辺との間で、何らかの確執があったのかも知れない。ともあれ綱政には軌隆を後継者にする意図はなかったらしく、吉政の死去の翌年に誕生した政順《まさとし》に期待をかけるようになったのである。

政順が正式に嫡子として位置づけられたのは、宝永元年（一七〇四）のことである。しかし綱政は実はすでに元禄十四年（一七〇一）にはその意向を固めており、幕府の老中にも自らの存念を伝えていた。結局、軌隆の方は「多病により嫡子たる事をえず」（「池田氏系譜」）という理由の下に後継候補からははずされることになった。

宝永二年、それまで国許にいた政順は、嫡子として江戸に迎えられ、十歳で綱吉へのお目見えを済ませた。ところが政順もまた、宝永六年に十四歳で早世してしまうことになる。この時、綱政は七十二歳になっていた。綱政にとってこの三十数年間は、幼い実子の成長を待ちかねては先立たれ、誕生したばかりの男子に期待してまた先立たれる、という状況の繰り返しだったのである。

四人目の跡継ぎ

老境を迎えながら、またも後継者選びを迫られた綱政であったが、この時残されていた実の男子は三名だけであった。一人は軌隆（三十歳）、それに亡くなった政順の実弟にあたる八歳の継政、および四歳の政純の兄弟であった。多くの男子にめぐまれながら、次々と先立たれている状況からすれば、若年の当主をたてることは、家の存続を揺るがす重大事になりかねなかった。その限りではたとえ綱政のめがねに適《かな》わなかったとしても、軌隆をたてるのが妥当な選択であったはずである。しかし、この時の綱政は、年長の軌隆ではなく、敢《あ》えて八歳の継政を嫡子に指名しようとした。

幕府の相続規定が厳密に適用されれば、当主が十七歳になるまで、養子を迎えることが認められなかった。従って、もしかりに高齢の綱政が亡くなった後、若い継政が池田家を相続し、万が一にも十七歳未満で死去するようなことにでもなれば、それこそ池田家の存亡に関わることにもなりかねなかった。もちろん池田家は「御大家」であり、よもや名跡継承も認められず、そのまま断絶となることはまずありえないだろう。しかし、減封や国替えの可能性まで、全くないとは言えなかった。ことに池田家の場合、幼年相続にまつわる生々しい記憶があった。

元和《げんな》二年（一六一六）に八歳で当主となった池田光政は、幼年を理由に姫路四十二万石から鳥取三十二万石へと転封された。また光政の従弟光仲は、父忠雄が死去した時、わずかに三歳であったため、「幼稚なるにより封地をあらためられ」（『寛政重修諸家譜』）とあるように、幼年を理由に従兄弟の光政と所領を交換され、岡山から鳥取へ移されたことがあった。のみならず、十七世紀後半は分家大名の一つで綱政の実子恒行が当主となった播磨山崎藩をはじめ、播磨新宮藩、播磨福本藩など、池田一族の大名家が当主の若年死亡を理由に次々と解体されていった時期でもあった。その意味では、池田家にとって万一の場合、断絶ではないまでも転封に対する危機感は大きかった。そのため池田一門の中には、この綱政の選択に疑問を投げかけ、幼い継政の擁立に異を唱える者もあった。中でも一族の旗本池田政森《まさもり》は、継政を嫡子とすることに懸念を示し、綱政に対して次のような進言をしている（「松平久馬助様御口上書」）。

御世継ぎの件につき、ご幼少の継政様をおたてになるとの由、承りましたが、些か気がかりな点がありますので、憚《はばか》り多いこととは存じますが、一言申し上げます。

軌隆様については、かねがねご病身とのことでしたが、先頃ご子息が誕生されたと承っており、それほどのご病状とも思われません。年齢的にはむしろふさわしいかと思われますので、軌隆様を跡継ぎにされるのが、「御筋目」であろうかと考えます。ことに現在は「御静謐《ごせいひつ》」の時代であり、御国許には優れた御重臣方も揃っておいでのことですから、多少のことであればご心配には及びません。

しかし軌隆様を跡継ぎにされることがどうしても不本意だと仰せならば、継政様がご成長になるまで御分家である鴨方《かもがた》藩の池田政倚《まさより》様を後見にされるか、あるいはいっそのこと政倚様をご養子に迎えられてはいかがでしょうか。その上で、継政様と政純様のお二人を政倚様のご養子にされれば、いずれは継政様が家督を相続されることになります。幼いお二人のためにも、その方がよいように思われます。

ご実子があるにもかかわらず、分家の方を養子に願うことは難しいとお考えかも知れませんが、幕府に対するお届けは何とでもなります。当面は「幼少の上、ご病弱」と申し立てておき、いずれご成長になってから、改めてお世継ぎにたてれば済むことでしょう。取りあえずは政倚様をご養子にされるのが、御家のためにも、またお二人のご子息様にとってもよい手だてであろうと考えます。

政森の主張は、たとえ病身であっても、まずは軌隆を後継者とするのが、年齢的にも、また筋目の上でも最善であろうというものであった。ただし、この政森の微妙な言い回しから推測すれば、どうやら綱政が軌隆をたてることを忌避していたのは、単に病弱だというだけではなさそうである。おそらく政森も、そのことを察知していたのであろう。もし軌隆を跡継ぎとすることがどうしても不本意だというのであれば、次善の策としてせめて分家大名である鴨方藩の池田政倚を後見人とするか、あるいはいっそのこと養子に迎えて後継者としてはどうか、と提案した。そしてその上で幼い継政を政倚の養子にしておけば、最終的には継政に家を継承させることが可能であり、もっとも無難な方法であろうというのが彼の主張であった。つまり分家の池田政倚を「中継養子」とし、一時的に家督を預け、継政の成長を待つべきだとしたのである。

幕府は、原則として実子がある場合には、養子を迎えることを認めていなかった。しかし政森は、「病弱」「病気」を理由とすれば幕府への届け出は何とでも言い訳が可能であるとし、綱政の翻意を願ったのである。政森からすれば、次々と兄たちを失っている幼い継政を跡継ぎとすることに大いなる不安を抱いており、敢えて断絶の危険を抱え込むことのように映ったのであろう。

しかし綱政は、結局政森の進言を受け入れることなく、幼い継政を嫡子に決定した。その正式の手続きは、正徳三年（一七一三）にとられている。しかしこの決定が、なおしばらく若年の嫡子に対する不安を残すものであったことは明らかであった。幕府に届けられた継政の年齢が、実際より二歳年長とされているのも、年齢的制約による問題を多少とも回避しようとする意識の現れと見ることができよう。

そのような状況であったからこそ、正徳四年、十四歳（実年齢十二歳）の継政が大病を患った時の池田家中の衝撃は、計り知れないものがあった。ちょうどこの年頃は、吉政や政順という二人の嫡子の死を彷彿《ほうふつ》とさせる年齢でもあった。当主綱政をはじめ池田家の家中は、継政の病状報告に一喜一憂することになるが、幸いにも継政はほどなく快復し、事なきを得た。しかしその間、池田家にとってはまさしく薄氷を踏む思いであったことは間違いあるまい。結果的には、継政は兄弟の中でももっとも長命であり、七十五歳まで長生きした。その意味では、綱政が継政を後継に選んだことに誤りはなかった。しかしこれはあくまでも結果論であり、あれだけ多くの子女にめぐまれながら、結局七十歳を超えてもなお、跡継ぎ問題で翻弄されている綱政の姿を見ると、一見何の波乱もなかったように見える池田家においてすら、相続問題はそう簡単に乗り切ることができるものではなかったのである。

ちなみに池田綱政は、『土芥寇讎記《どかいこうしゆうき》』という史料の中では、「女色を好むこと、倫を超えたり」として度を超えた女色ぶりを酷評されている。儒学的な倫理規範に基づく綱政批判であるが、このような綱政の側面も、一方では家の存続のために跡継ぎを確保しなければならないという、半ば焦りにも似た思いがあったのかも知れない。

丈夫届と公的年齢

出生届と丈夫届

池田綱政の事例で明らかなように、大名の子女については必ずしも幕府への届け出が義務づけられているわけではない。しかし家を継承したり、他の大名や旗本の養子となったりするためには、家督相続や養子の手続きをすすめるに先立ち、あらかじめ正式に届け出ておかなければならなかった。ただし大名や旗本の男子を届け出るには、出生直後の「出生届」である必要はなかった。江戸時代には「丈夫届」と称する手続きがあり、これはある程度成長した時点で届け出ることを可能とする方法であった。丈夫届とは、出生時には虚弱であったために届け出を控えていたが、近年丈夫に成長したので、あらためて幕府へ届ける、という文言のものである。実際に本人が病弱であったかどうかは別問題であり、ある程度成長した男子の存在を披瀝《ひれき》するための常套《じようとう》文句となっていた。

次の史料は、安政六年正月に岡山藩主池田慶政が提出した丈夫届の控えの文言である（「慶政公仮養子願書」）。

国許に罷《まか》りあり候私妾腹《しょうふく》の男子、池田鼎五郎《ていごろう》儀、当未十三歳に罷りなり候。虚弱に付きお届け仕《つかまつ》らず候ところ、この節丈夫に罷りなり候間、右お届け仕り候。追って妻に男子出生致し候わば、右鼎五郎儀は次男に致すべく候。これによりこの以後、御暇下され帰国の節、仮養子願い奉らず候。この段お聞け置き下さるべく候。以上

（私〈慶政〉には、国許に妾腹の男子があり、今年十三歳になる鼎五郎という者です。虚弱であったため、これまでお届け申し上げませんでしたが、丈夫に成長致しましたのでお届け申し上げます。

いずれ嫡出の男子が出生した場合には、右の鼎五郎は次男とするつもりです。実の男子をお届けしましたので、今後は帰国に際して仮養子を指名することは致しません。この段をお含み置き下さいますよう、お願い申し上げます。）

これは、幕末の事例であり、池田慶政が庶出の男子鼎五郎を公的に届け出たものである。いわゆる丈夫届は前半部分である。特に家督に直接かかわらない男子の場合は、前半のみの形で届けられた。一方、鼎五郎のように相続にかかわる可能性がある時は、右のような形式になることが多かった。

後半の嫡出男子との関係についての部分はさておき、前半の文言は江戸時代を通じてほぼ変わるところはなかった。鼎五郎は十三歳になるまで、慶政の男子としては届けられておらず、この段階まで

公的には慶政には男子がなかったことになる。しかし丈夫届の提出により、鼎五郎は慶政の実の男子として、正式に披露されたのである。

大名や旗本の男子については、例えば夭逝してしまった場合、あるいは藩内の家臣の養子となっている場合、また相続とは無縁の男子の場合などは、ことさら丈夫届を提出する必要はなかった。そのため場合によっては、生涯、幕府へ届けられない子女がいたこともまた事実であった。丈夫届は、過半は十歳頃までに提出されることが多いが、特に年齢制限があったわけではなく、右のように十歳を過ぎてからの事例もあれば、二十歳過ぎになることさえあった。

丈夫届による年齢操作

丈夫届について見過ごすことができないのは、大名子女の年齢操作との関係である。次章で述べる急養子の容認によって、大名や旗本にとっては、家の存続に対する懸念はかなり解消された。しかし先に示したように、幕府の相続規定では十七歳未満の当主は、原則として養子を迎えることができず、十七歳未満で当主がなくなれば、存続の危機に直面することは目に見えていた。従って、多少ともお家断絶の危機を回避しようとして、大名家の男子の年齢操作を行うことは、むしろ日常茶飯事になっていた。出生からしばらく時をおいてから、届け出をすることが可能な丈夫届は、その年齢操作を行う格好の手段になっていたのである。

年齢操作が日常化していることは、江戸時代中期の儒学者荻生《おぎゅう》徂徠《そらい》が『政談』の中で指摘している。

徂徠の批判は、旗本・ご家人の年齢詐称を取りあげたものであるが、大名にとっても同じく年齢的制約が大きな枷《かせ》になっていた。

その意味では、誕生から届け出までの時間差が認められている丈夫届は、年齢を操作する上ではまさに好都合であった。と同時に、このような届け出のあり方は、大名や旗本の年齢を複雑化させる要因の一つになっていた。幕府に提出された公的系譜と、大名家に残された家史料の中の年齢がしばしば相違しているのは、このような意図的な操作によることが多かったのである。

三　末期養子の手続き――池田政員の急養子願――

養子による家の存続

江戸幕府が、末期養子を公的に認めるようになったのは、慶安四年（一六五一）のことである。末期養子は、「急養子」ともいわれるもので、大名や旗本が臨終間際の病床から養子を指名し、相続を願うことができる制度である。

十七世紀前半まで、大名や旗本が養子を申請するには事前の手続きが必要であり、末期段階になって唐突に養子を申請しても、原則として相続は認められなかった。そのため無嗣を理由に絶家とされる大名家も少なくなかった。それならば、あらかじめ養子を貰い請けておけばよさそうなものだが、血統を重視する立場からすると、実子誕生の可能性があるうちは、安易に養子を申請することはできなかった。一度養子手続きをとり、後継者として位置づけてしまうと、養父子関係は簡単に解消できるものではなかったのである。

江戸時代には養子の場合、「縁組」ではなく「取組」とされることが多いが、養子取組の後に実子が誕生した場合には、その子を養子に迎えた男子の養子とするか（順養子）、あるいは分家の形で独立させるなどの方法をとられた。しかし分家創設となれば、幕府との調整や経済的裏付けが不可欠であり、これも容易にはいかなかった。あれこれ思い迷いながら養子取組をためらっているうちに、結局後継者を指名することができないまま、無嗣絶家の運命をたどることが少なくなかったのである。従って幕府が急養子を公認したことは、跡継ぎが確定していない大名や旗本にとっては安定的な家の存続を保証する大きな転機となった。

幕府が末期段階での養子を容認するきっかけとなったのは、慶安事件、いわゆる由井正雪の乱であったとされる。当時は浪人の増加が社会問題化しつつあり、無嗣を理由とした大名の取り潰《つぶ》しを減らすことで、浪人の増加に歯止めをかけようとする意図があったという。と同時に、この段階は幕府が養子制度の整備をはかっていた時期であり、その一環として無嗣に対する制約を緩和したものでもあった。

ただし急養子が認められたからといっても、実は手続きはそう簡単ではなかった。それではどのような手続きが必要だったのであろうか。具体的な状況を見てみよう。

急養子願書の作成

岡山藩の分家大名の事例

取りあげるのは、備中生坂《いくさか》池田家の事例である。生坂池田家は、岡山藩の分家大名で一万五千石の小藩にすぎず、一般にはほとんど知られることのない家であるが、次章でも取りあげているように、相続上さまざまな興味深い事態を確認できる家である。

具体的な問題に入る前に、まず生坂池田家の性格について簡単に触れておこう。生坂池田家の成立は、寛文十二年（一六七二）である。この年、岡山藩主池田光政は隠居し、嫡子綱政に家督を譲った。この時、二人の庶子にも所領の一部が分与され、二つの分家大名の成立を見ることになった。すなわち次男の政言《まさこと》に二万五千石（鴨方池田家）、また三男輝録《てるとし》に一万五千石（生坂池田家）がそれぞれ分与された。

ただし大名分家の場合、本家との関係は多種多様であり、独立性の強い分家が見られる一方、本家から強い制約を受けている分家大名も少なくなかった。岡山藩の両分家の場合は、諸側面において本家に依存しており、とくに隠居や相続、養子、婚姻などの決定については基本的に岡山本家に主導権があった。また、両分家の当主は、国許に帰った時の居所を岡山城下としており、自らの領地に赴くこともあまり多くはなかった。のみならず、参勤交代や幕府への諸公務、および儀式などにかかる諸経費も含め、経済的にも本家への依存度が高く、また「藩」と呼べるような独立した政治組織を備えた家ではなかった。

両家とも参勤交代を行う大名であったが、両分家の参勤年は異なっている。そのため、少なくとも分家のいずれか一方の当主が江戸に在府していた。とくに享保期以降、本家の岡山池田家と参勤年が異なる鴨方池田家の当主は、本家当主帰国中の名代や代行などを行う家として位置づけられた。そしてまた生坂池田家も、しばしば本家当主の若年や病気を理由に、その補佐や名代を勤めることになる。また国許においても本来は当主不在時の代行を行うのが原則であったが、両分家の場合、年齢が若かったり病弱であったりすることが多く、必ずしも隔年帰国が果たせないのが実情であった。このような両家は、本家との間で微妙な関係を維持しながら、幕末まで存続することになる。

池田政員の急養子問題

生坂池田の当主の中で、もっとも早くに急養子問題に直面するのは、三代目の政員《まさかず》であった。この問題を「中務少輔様急御養子御願一件」の史料から見ていこう。政員は、明和四年（一七六七）の正月、疱瘡に罹患した。経過としては「御順痘」とあるように一時的には症状も好転しつつあったようだが、正月二十三日には病状が急変し、重態に陥った。そして二十五日になると、もはや快復はおぼつかない状態となる。そのため早急に養子候補を定め、幕府へ「急養子（末期養子）」申請をしなければならなくなった。「急養子願書」は、臨終間際の当主の名をもって幕府へ願い出なければならない願書である。従って、当主政員の意向に基づいて作成・提出されるべき願書であって、政員の存命を前提とするものであった。

急養子願書作成にあたっては、幕府役人の立ち会いが義務づけられていた。これを判元見届というが、これは願書内容が間違いなく本人の意思によるものであることを証明する役目のことである。この時、池田家では大目付大井満英に判元見届を依頼し、その立ち会いの下に、急養子願書が作成された。

それでは急養子願書とはどのような内容なのか、具体的に見てみよう。

急養子願い奉り候

松平内蔵頭《くらのかみ》内分分知

高壱万五千石　池田　中務少輔《なかつかさしょう》

亥《い》三十一歳

急養子願い奉り候者　弟池田永次郎

亥二十六歳

私儀、去る十二日より疱瘡相煩い、河野仙寿院薬相用い、快方に罷りあり候処、去る二十四日、持病の積気差し発し相すぐれ申さず、武田長春院に相転じ候えども同篇に付、橘隆菴・森宗乙薬追々服用仕り、種々養生仕り候処、次第草臥《くたび》れ強く罷りなり、快気の程おぼつかなくござ候。私いまだ男子ござなく候に付、御当地に罷りあり候池田永次郎、兼ねて私在所へ御暇下され候の節、仮養子願い奉り候弟にてござ候。もし私死去仕り候わば、右永次郎へ跡式相違なく仰せつけられ下され候様願い奉り候。已上《いじょう》

手揮《ふる》え候に付印判相用い申し候

池田　中務少輔　印

明和四丁亥《ひのとい》正月二十七日

松平右近将監殿
松平右京大夫殿
松平　周防守《すおうのかみ》殿
阿部　伊予守殿
大井　伊勢守殿

〈私〈池田政員〉は、今月十二日から疱瘡に罹患し、河野仙寿院の見立てと投薬をうけ、快方に向かっておりました。ところが二十四日に、持病の癪《しゃく》を併発し、病状が悪化しました。そのため医者を武田長春院に替えて診断を受けましたが、症状は変わらず、さらに橘隆菴と森宗乙が調整した薬を服用し、養生に手を尽くしてきました。しかし次第に症状は悪化するばかりで、快復の見込みもおぼつかなくなりました。私にはいまだに跡継ぎの男子がありません。江戸におります池田永次郎〈政弼《まさすけ》〉は、以前より私

が国許に帰国する折りに、仮養子に願っている弟でございます。もし私が死亡致しましたら、この永次郎に跡目相続をお許しくださいますよう、お願い申し上げます。）

願書は、正月二十七日付で、当主池田政員の名をもって作成された。宛名は四名の老中と判元見届役の大目付大井満英となっている。願書中に記載のある四名の医者河野仙寿院、武田長春院、橘隆菴、森宗乙は、いずれも幕府から扶持《ふち》を与えられている医者であり、彼らの診断を受け、治療にあたったことが記載されている。急養子願書中の医者には、右のように幕府医を含むのが通例であった。

池田政員の急養子願書は典型的な形式をもつものであり、①病状報告、②医師による診断・投薬とその状況、③快復困難の見通し、④急養子候補の正統性、⑤急養子の許可と相続願い、を内容とするものであった。

急養子願書の添付書類

急養子願書には、数点の書類が同時に提出されるのが常道となっていた。政員の急養子願書には、次の六点が添付されている。いったいどのような関係書類が提出されたのであろうか。少々煩雑になるが、提示しておこう。

①「容体書」

内容的には、急養子願書の前半部分とほとんど変わるところはない。正月十二日頃に疱瘡に罹患し、以後の病状が思わしくなく、四名の医者の診断を仰いだことを記した上で、「薬服用仕り候えども食気ござなく、大切の容体罷りなり申し候」（投薬など療養に手を尽くして来ましたが、食欲も回復せず、重態に陥りました）とする。主旨は、「大切の容体」とあるように、すでに快復を望めない重大な局面を迎えていることを表明するものであった。

②「見立て・調薬の医師書上」

次に「薬服用之医師」として願書中の四名の他に、「様子見せ候御医師」として二名、「御目見医者」として二名を列記し、あわせて八人の医者の名を具体的にあげている。病床にあった政員の担当医であり、十分療養に手を尽くしたことを示すものである。

③「病家へ相詰め罷りあり候面々」

政員の病床に立ち会った者として、親族の大名や旗本七名の名を挙げる。ここに列記されているのは、鴨方分家の隠居政方（当主政香は帰国中）、弟一人、および義理の兄弟（姉妹の嫁ぎ先）三名、それに一族の二人である。この二日前の二十五日の段階で、一族の大名・旗本にはすでに本件の趣旨は伝えられていた。つまり立ち会った親類を含め、親類・遠類ともに、今回の幕府への申請内容を了承していることを示すものであった。

④「病家へ相詰め候医師」

政員の病床に立ち会った者として、武田長春院以下、河野仙寿院、森宗乙、橘隆庵の四名の幕府医を明示する。

⑤「続書」

続書には、従弟までの親類二十二名が書き上げられている。すでに他界している父母をはじめ、妻（縁約中ながら婚姻前）、叔父一名、弟二名、姉二名、妹一名、また甥三名、姪《めい》二名、従弟（女性を含む）八名である。ただしここで記載されているのは、原則として大名や旗本の当主・隠居・子女までであり、陪臣関係は原則として省略されている。この「続書」には、急養子に申請した男子が、後継者としてふさわしいことを裏付ける資料として提出された。この場合であれば、政弼が政員のすぐ下の弟であり、血縁的にもっとも近い男子であることが示され、「この者養子に願い奉り候」の付箋《ふせん》がなされている。

⑥「覚」

内容は「懐胎の婦人、ござなく候」という、これだけの書付である。しかしこの文書の意味は大きく、懐妊中の女性がいないということは、政員の実の男子が、出願当時のみならず、将来においても存在しないことを示していた。つまりこの文書もまた、養子に申請した政弼（永次郎）以上に、血縁的正統性をもつ候補がいないことを明示するものであった。

急養子願書に添えて、生坂池田家が提出したのは、以上六点である。この添付書類を見れば、幕府が急養子申請をどのように位置づけていたかが見えてくるであろう。

まず第一に、提出書類では当主の病状の経過報告を行うと同時に、病気快復に全力を尽くしていることが繰り返されている。これは、当主の死亡に不審な点がないことを明言したものであった。また第二に、急養子申請はあくまでも当主政員本人の意志に基づくものとして作成されるべきものであった。ただし願書提出には一族の合意が不可欠であり、当主一人の独断も許されなかったことになる。二日前の二十五日の段階で一族の大名・旗本の了承が取り付けられていることとあわせて、幕府医の見立てと判元見届としての大目付の立ち会い、また病床での親族の立ち会いは、願書の内容が一族の総意であり、異議を唱える余地のないものであることを保証するものであった。

第三は、「続書」の提示に明らかなように、急養子として申請した男子の後継者としての正統性である。もし血縁的により近い男子がいる場合には、その者を排除した訳を明らかにしなければならなかった。例えば病弱であるとか、他家へ養子に行くことが決まっているとか、よんどころのない事情がある、といった理由付けが必要とされた。また、懐妊中の女性がいないという書類も、同様の意味をもっていた。従って急養子願書は、単に適当な男子を申請すれば認められる、という性格のものではなかったのである。

このような関係書類を見ると、急養子願書が末期段階における緊急の申請であるとはいっても、後継者としての正統性はゆるがせにできず、また手順を踏んだ手続きが不可欠であった。少なくとも、幕府としては恣意《しい》的な養子申請を排除する姿勢を示し、養子相続の原則にのっとった手続きを求めていたといえよう。

もっとも「書類上の厳密さ」が、そのまま「実態」を示しているとは限らない。この点については、後ほど触れることにしたい。

ともあれ池田政員の願書は正月二十七日、一族の旗本池田政朗によって幕府老中へ提出された。ただし生坂池田家は、岡山藩を本家とする分家大名である。分家大名の相続については、本家からも添書を提出するのが通例であり、本件の場合も本家当主池田治政より、分家の相続を認めてくれるように願った書付が提出されている。

急養子申請の内実

急養子願書について、もう一つ注目したい点をあげておこう。それは出願者である当主池田政員の肩書きに、「手揮え候に付印判相用い申し候」との断り書きがあることである。

通例の養子願書の場合、出願者は印判の他に花押（書判）を据えるのが定式となっていた。従って、急養子とはいえ、本来養子を申請する願書には、花押と印判を据えるべきなのだが、「重病で手が揮えることを理由に省いた」という形式がとられている。これは本件の特殊事例ではなく、急養子願書の場合は、手がふるえること、あるいは大病を理由に花押を省略し、印判だけとするのが一般的な書式となっていた。いわばこれは、瀕死《ひんし》の状態にある病人であれば、花押を据えられなくて当然だという理屈に基づくものであろう。

しかし見逃せないのは、急養子願書の作成段階で、すでに出願人が死亡している事例が大部分であったことである。本件の場合も、池田政員は願書作成の二日前、つまり正月二十五日にすでに死去していた。ところが公式な記録や文書においては、重態・危篤ではあっても願書が提出されるまではあくまでも当主存命の形がとられることになる。これは死亡月日の操作であるが、急養子を出願するにはどうしても当主存命の形をとらなければならなかった。なぜなら急養子出願は当主本人のみに認められた権限だったからである。従って当主死亡後では出願資格を持つ者がいなくなり、後継を願うことはできなかった。そのためすでに当主が他界していようとも、存命を装いながら、具体的な願書の作成・提出をする必要があった。そして急養子願書が提出され、無事に受理された後、早い場合には当日中、遅くとも数日のうちに死亡届が出されるというのが、ごく当たり前の過程になっていた。重病を理由に、敢えて花押を避けたのも、実はすでに当主が死亡していたことと無関係ではないだろう。

もちろん、すべての急養子願いが当主死亡後であったわけではない。『古事類苑』には急養子願書提出後に病気が快復し、願書取り下げを求めている旗本の事例が紹介されている。従ってすべてではないが、実際には死後出願が大部分であったものと推測される。

実際の死亡月日から公表までの間に、十日ほどのずれがあることは、むしろ通例のことであり、場合によっては当主死亡の秘匿が数ヶ月におよぶこともあった。そしてまた、病床に立ち会ったはずの医者たちや判元見届も、当然のことながら当主の死亡を十二分に承知していたのである。彼らはすでに出願者が死去していることを承知の上で、あくまでも出願内容が当主の意志であったことの証人になる、という何とも微妙な立場にあった。しかし、急養子出願が当主本人のみに許されたものである以上、どうしても存命の形をとらなければならなかったのである。

幕府役人までをも巻き込んで「死亡月日を偽る」という行為は、何とも由々しい大事であり、とんでもない背信行為のように思われるかも知れない。しかし実は、幕府もこのような状況は承知の上であった。考えてみれば、弟を養子にするということ自体は、決して不当な選択ではなく、一族がこの件を承認したというのも偽りないところであった。従って当主死後の願書提出という一点を除けば、養子の原則を著しく逸脱したものではなかった。そのような観点からすれば、今回の急養子申請にあたり、判元見届の役を果たした大目付大井満英が、池田一族に次のような書付の提出を求めているのは興味深いところであろう。

池田中務少輔儀、病気さし重り候ところ、当地ならびに在所表にても、妾腹にも男子ござなく候に付、このたび実弟永次郎儀、養子に願い奉り候、右の通り中務少輔実弟を養子に願い奉り候故、拙者共何分存じ寄りござなく候、以上

（池田政員が重病に陥りましたところ、江戸にも国許にも実子はなく、今回実弟の永次郎を養子に申請致しました。このように政員の実弟を養子に願った以上は、我々としては何の異議もございません。）

この書付に署名しているのは五人の親族であり、今回の生坂池田家の相続に対して、いっさいの異議申し立てをしないという確約である。いわば、急養子願書作成に立ち会った一族に対して、当主の

死亡には不審な点はないこと、願書内容は当主の意志に基づくものであること、この相続申請に対する不満はなく、今後とも不服申し立てはしないこと、について言質をとったものであった。判元見届の役割は、相続上の正統性の見極めもさることながら、一族の合意を確認した上で、当主の意志（遺志）を保証するところにあった。

その意味では、急養子の出願が臨終間際の当主によるものであるというのは、「形式」にすぎなかった。しかし幕府があくまで当主からの出願にこだわったのは、大名の「当主本人の願いに対して、将軍が相続を認める」という建前が、何よりも大切だったからであろう。つまり相続の容認は、将軍と大名の関係の根幹に関わるという点が強く意識されていたのである。

さて、政員の公式の死亡届は、正月二十九日付で本家の池田治政から提出された。

池田中務少輔、病気養生相叶わず、今暁寅《とら》の中刻、死去致し候、この段お届け申し達し候、以上

これは実際の死亡月日の四日後のことであり、急養子願書の提出・受理の二日後であった。享年は三十一歳であった。

「実子」のからくり

未届けの男子

政員の急養子願書には、他にも幕府に対して公にしていない問題があった。急養子願書の中には、「私いまだ男子ござなく候」という文言があるのが一般的であり、政員の急養子願書においても、この文言は明記されている。ところが実はこの時、政員には豊之助と秀次郎という二人の庶出の男子があった。しかしこの両名については、まだ幕府に正式の届け出がなされていなかった。従って、実の男子には違いないのだが、二人とも公的にはまだ政員の男子として認められる立場にはなかった。

幕府の相続原則に従えば、実の男子がある場合、血縁的正統性をもつ実子をさしおいて養子を迎えることはできなかった。しかしこの時政員は、まだ二人の庶子の存在を公表していなかった。従って国許へ帰国する際も、ずっと弟政弼（永次郎）を仮養子として指名してきた。仮養子については後述するが、参勤交代などで江戸を離れる際に、仮の養子を指名しておく制度のことである。政員としては、まだ正室を迎えていない段階でもあり、二人の届け出をためらっていたものであろう。その結果、二人の実子の存在を明らかにしないままに、末期段階を迎えてしまったのである。しかしこの時点まで正式な届けを行っていない以上、突然の実子の出現は、かえって混乱をきたすことになりかねなかった。

その上、豊之助はまだ九歳になったばかりであり、一人前の大名として位置づけられるまでにはまだ数年を要した。若年で相続させて、豊之助の身に万一のことがあれば、それこそ家の断絶を招きかねない。その点、二十六歳の弟政弼であれば、直ちに参勤交代を含めた諸公務を果たすことも可能である。このような諸状況を考えれば、いかに豊之助に血縁的正統性があったとしても、これまで彼の存在を公にしてこなかった以上、後継者とするには所詮《しょせん》無理があった。結局、池田家では若年の豊之助の存在を伏せ、いまだ「男子ござなく」として、弟政弼を急養子に申請するという、もっとも無難な選択をした。

しかしこのままでは、血縁的正統性をもつ二人の存在を無視したことになる。池田家ではこの二人の処遇をどうしたのであろうか。

丈夫届と嫡子願

政弼に対する家督相続は、忌み明けの三月二十一日の段階で正式に許可され、政弼は無事に生坂池田家の当主となった。しかし問題は、豊之助と秀次郎という政員の二人の遺児の扱いである。一連の相続手続きの中で、池田家はすでに先代政員の名をもって「いまだ男子ござなく」と明確に謳《うた》っている上に、「懐胎の婦人、ござなく候」という書付も提出していた。従って、いまさら二人を政員の遺児として公表することはできなかった。だがその一方で、豊之助と秀次郎が先代政員の忘れ形見であることは紛れもない事実であり、池田家としてはそのままに放置することはできなかった。そのためこの二人については、四月十一日の段階で次のような届け出が出されることになる（「明和四年御扣帳」）。

私（政弼）儀、部屋住のうち妾腹の男子ござ候。豊之助と申し候。当亥に九歳罷りなり候。次男秀治《ママ》郎と申し候。当亥に三歳罷りなり候。この段、お聞け置き下さるべく候。以上

（私政弼には、相続前に誕生した庶出の男子があります。豊之助という今年九歳の男子と、秀次郎という三歳の男子です。この件をお届け申し上げます。）

つまり二人は、政弼がまだ相続前の部屋住の頃に儲《もう》けた庶出の男子であるという形を取り繕い、正式に披露されたのである。つまり、本来は政弼の甥であった二人は、庶出の男子として公的な立場を与えられた。

ただしこれは、二人を池田家の男子として公認した段階にすぎなかった。通常、嫡出の長男の場合は、幕府への届け出が、同時に跡継ぎとしての資格の認定にもなった。しかし庶出の男子を後継者とするには、さらに嫡子願という手続きが必要であった。もしこの手続きをとらなければ、将来嫡出の男子が誕生した場合、後継候補の順位は嫡出子の方が上とみなされた。従って、豊之助を正式の後継者として位置づけるためには、もう一段階の手続きが必要だったのである。

そのため五年後の安永元年（一七七二）、政弼は嫡子願を幕府に提出し、十四歳を迎えた豊之助を正式に継承順位第一に位置づけた（「安永元年御扣帳」）。

先だってお届け申し上げ候私部屋住の内妾腹に出生仕り候豊之助、当辰拾四歳にまかりなり候。この度嫡子に仕りたく願い奉り候。以上

（せんだって、私（政弼）が部屋住の頃に儲けました庶子豊之助の件をお届け申し上げましたが、その豊之助が今年十四歳となりました。嫡子として正式に定めたく、お願い申し上げます。）

系図5【系図比較　生坂池田家　政員男子の扱い】

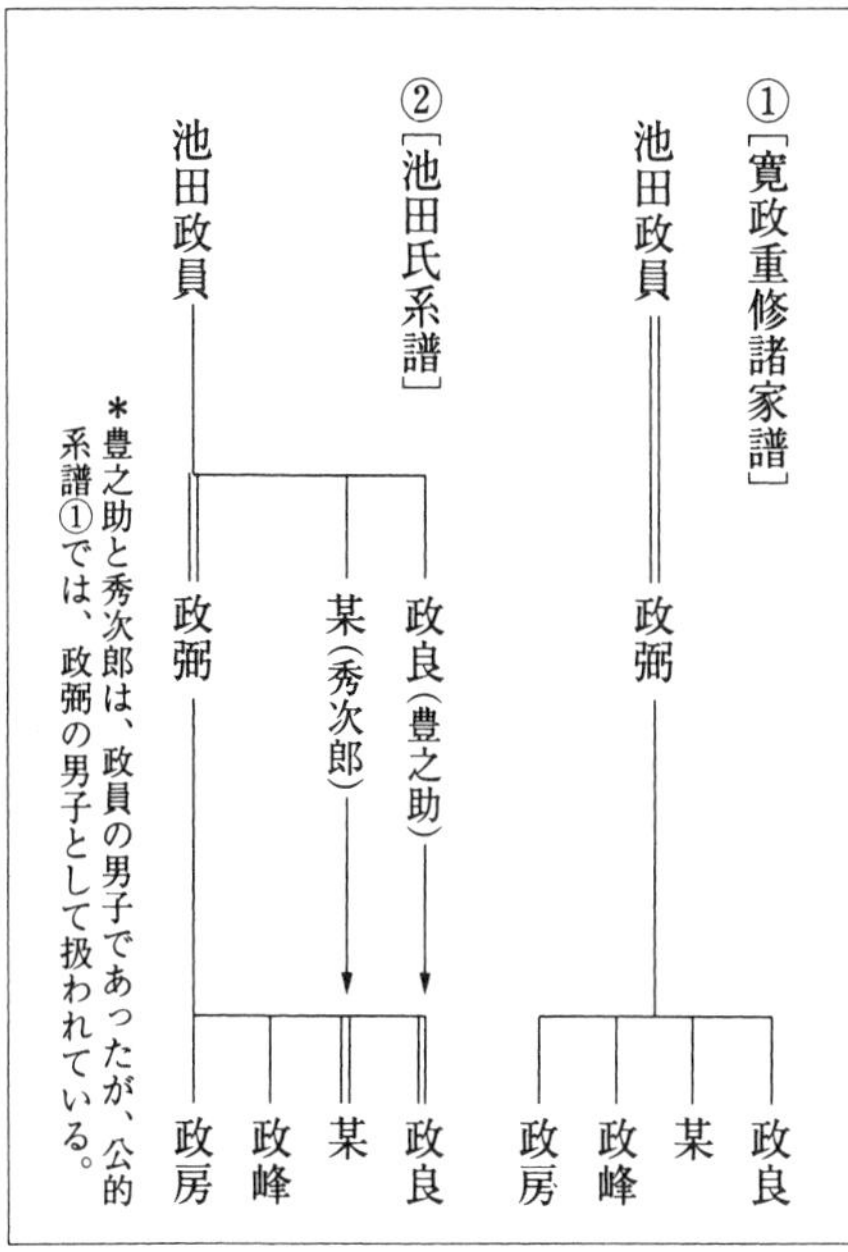

＊豊之助と秀次郎は、政員の男子であったが、公的系譜①では、政弼の男子として扱われている。

この願書が提出・受理されたことにより、これから先、もし政弼に嫡出の男子が出生したとしても、豊之助の跡継ぎとしての立場が脅かされることはなくなった。つまり、将来的には生坂池田家の家督は、本来の継承者であったはずの豊之助の手に戻される形が整えられたのである。結果的に豊之助は早世し、家督を引き継ぐことはなかったが、生坂池田家の一連の手続きが血縁的正統性への配慮であったことは明白であろう。

ただし、このような辻褄あわせは、豊

之助と秀次郎の履歴を書き替えることになった。その結果、二人の履歴は、公的な系譜である『寛政重修諸家譜』と池田家の家内の史料として編纂された「池田氏系譜」との間で食い違いを生ずることになったのである。

そしてこのような事例は、単に生坂池田家にとどまるものではなかった。とくにまだ跡継ぎの確定していない若い当主の死亡に際しては、さまざまな思惑が錯綜《さくそう》し、子弟の履歴までをも替えてしまう可能性があった。豊之助・秀次郎兄弟の扱いは、まさに政員の後継者をめぐる急養子の問題から派生したものであった。また実際には懐妊中の女性があったとしても、敢えて届け出を行わずに、新しい当主の実子としたり、一族の男子として届けたりするなど、別の形での辻褄あわせがなされることも少なくなかったのである。

だが、生坂池田家の『寛政重修諸家譜』と「池田氏系譜」との間には、他にも重大な違いがあった。この問題は、第二章で扱うが、その前に政員の願書の中でも見られる「仮養子」について明らかにしておこう。

仮養子と急養子

仮養子指名の慣習

末期段階における急養子の申請は、幕府に公認されたとはいっても、決して手続きの上で簡単に認められたわけではなかった。ことに、急養子願書作成には、幕府役人の立ち会いが前提とされており、大名の場合であれば、大目付に見届役を依頼しなければならなかった。いわゆる判元見届である。しかし、判元見届を依頼できるのは在府中のみであり、帰国などにより江戸を離れている場合の緊急事態には対応できなかった。江戸以外で当主が重病になったような場合、判元見届ができずに急養子が認められないとなると、これは家の存続にかかわる重大事である。

そのための代替として、大名や旗本は江戸を離れるに際しては、あらかじめ仮の養子を指名しておくようになった。仮養子は、当分養子、あるいは心当て養子などとも称されている。本来は江戸を離れる場合に限らず、自らの心づもりとして後継者を表明しておくための手続きであった。しかし急養子が公認され、その中で判元見届が不可欠な条件として位置づけられたことにより、武家の存続を保証する安全策として江戸不在中の仮養子指名が義務づけられ、制度化されていくことになった。

それならば実際には、仮養子願書はどのような形式のものであろうか。具体例をあげてみよう。次の史料は、明和四年、岡山藩池田家の当主池田治政が提出した仮養子願書である（「治政公御内存書控」）。

私儀、今度御暇下し置かれ、国元へ発足仕り候。これにより御当地に差し置き申し候弟池田護之《もりの》進《しん》、当年十七歳に罷りなり申し候。もし不慮の儀ござ候わば、この者養子に仕り、跡式下し置かれ候ように願い奉り候。来年参府仕り候節、この願書お返し下さるべく候。
恐惶《きょうこう》謹言

松平　内蔵頭
治政（花押）

明和四丁亥年四月二十一日

松平右近将監殿
松平右京太夫殿
松平周防守殿
阿部伊予守殿

（私池田治政は、この度お暇をたまわり、間もなく国許へ発足する予定です。現在御当地〈江戸〉にいる池田護之進は、今年十七歳になる弟です。もし私に不慮のことがありましたら、この者を養子として家督相続をお許し下さいますようお願い申し上げます。来年参府致しました折に、この願書をお返し下さるようお願い致します。）

すなわち、①帰国許可を得たこと、②（まだ後継者がいないため、）万一の場合は指名した弟に相続を認めて欲しいこと、③来年の参府時に願書を返却して欲しいことを内容とするものであった。仮養子願書は出願者の自筆であることを原則とし、池田家の場合は出願者の花押のみを据え、印は押さないのが通例の書式であった。

治政は江戸を離れるに際して右のような願書を月番老中阿部正右《まさすけ》の手許に預け、万一の場合に備えた。そして翌年、参府した時点で願書は老中より返却されることになる。右の願書も、「去年お暇の節差し出され候当分養子願書、返進致し候」（「治政公御内存書控」）という老中の添書とともに、池田家に返却された。そして願書の返却は、同時に仮養子指名が失効することを意味していたのである。

このような仮養子指名がいつごろから義務づけられたのかは定かではないが、江戸を離れる大名や旗本たちは、あらかじめ自らの後継者を仮に指名するようになり、少なくとも十七世紀末ごろには仮養子願書の提出が定着することになる。

仮養子指名の効力

仮養子制度は江戸不在中のみを有効期間とする制度であり、出府にともない失効するという点では、確かに不安定な指名にすぎなかった。しかしもし国許で当主が死亡するという事態に至った時には、自動的に後継者としての立場を保障されることになる。従ってたとえ仮とはいっても、その指名は慎重になされるべきものであり、本来の養子同様、血縁的親疎を無視した勝手な指名は許されなかった。このような仮養子願書のあり方を見ると、幕府は大名相続の間際に、できるだけ恣意的な要素が入り込まないような原則をたてていたと見ることができよう。しかも仮養子願書は、実子がいない状況下で後継順位を明確化する手続きである。大名たちは参勤交代の開始と同時に、常日頃から後継者の心積もりを求められていたと言えよう。

幕府がこの手続きを重視していたことは、『御触書寛保集成』に収録されている次の事例からも明白である。旗本の事例であるが、幕府の代官平岡三郎右衛門は、享保二年（一七一七）、仮養子願書を提出しないままに任地に赴き、そこで病気になり、瀕死《ひんし》の状態となった。そのためこの段階で、急養子願書を提出したが、本来出発前に提出すべき仮養子願書が出されておらず、また今回申請した養子候補は、前回仮養子に指名した男子とも別人であった。従って幕府は、「無調法の至りに候、これにより養子仰付られず」として相続を認めず、改易処分にしたものであった。

この事例からも明らかなように、江戸を離れた場で当主の身に万一のことがあった場合には、仮養子願書は極めて大きな意味をもち、もはや仮養子指名の男子以外を後継者に迎えることはできなかったのである。

仮養子制度の制約

ただし仮養子はあくまでも実子不在を前提とする制度であった。たとえ実子が幼少や病弱で相続に不安があったとしても、実子を廃嫡しない限り、本来は実子をさしおいて仮養子申請をすることはできなかった。例えば、上野《こうずけ》七日市藩の前田利尚《としひさ》は、明和三年（一七六六）、すでに実子利見《としあきら》があったにもかかわらず、弟正盈《まさあきら》を仮養子にたてようとした。利尚としては、まだ利見が幼かったため、取りあえず弟を仮養子としておき、いずれ利見を嫡子にしなおす目論見であった。しかしこの件は「思召違」としてとがめられ、結局、しばらくの間、謹慎を申し付けられている（『諸例集』）。そこには、恣意的な相続人操作を認めない幕府の姿勢を窺うことができ、相続原則を明確にしようとする幕府の方針を見ることができよう。

しかしそうはいっても、実際には実子誕生後も引き続いて他の男子を仮養子に指名している事例もあった。ただしその大部分は、実子誕生を届けていない場合である。その限りでは「出生届」や「丈夫届」の提出を遅らせることによって、しばらくは他の者を仮養子に指名することも可能であった。しかし実子の存在を隠して仮養子指名をすると、結果的に別の部分で辻褄あわせをしなければならないような事態になることもあった。後に取りあげる萩藩毛利家の事例はその好例であろう。

このような点からすれば、そもそも仮養子の制度は、本来大名や旗本の家の安定的継承を保障する手続きであり、いわば、将来起こるかも知れない危機回避を見越した制度であった。しかしそのことが、かえって相続問題を複雑化させる場合もあり、これから提示する諸事例においても、「仮養子」の制約は随所に見られるところであり、単なる仮ではすまない重みを見ることができるのである。

第二章　「公辺内分」の相続

一　書き替えられた系図―生坂池田家の「政房」と「政恭」―

急養子の容認や仮養子申請は、大名家の安定的相続を保障する手段として位置づけられていた。しかしそれでもなお、相続規定を厳守すれば断絶を免れなかった場合がある。原則として養子を迎えることのできる年齢が、十七歳以上に制限されていた点である。十七歳未満の死亡を阻止することは、人事の及ばぬ問題であり、幼年の主君を奉じる大名家にとっては大きな懸念材料であった。

万一、大名当主が十七歳未満で亡くなった場合、家の存続は将軍の「思召《おぼしめし》」次第という不安定な状況におかれることになり、家の存続が保障されるわけではなかった。この状況はたとえ断絶の可能性はほとんどないとしても、大名家にすれば、楽観視できなかった。このような断絶の可能性を回避する手段としてとられた一つの方法が、「公辺内分」の相続である。「公辺」とは幕府のことであり、「内分」とは内緒のことである。つまり幕府へは無届けの形で、内々で亡くなった当主の身代わりを立てるという手段であった。十八世紀後半以降になると、しばしば「公辺内分」の相続事例を確認できるようになるが、これは十七歳の制約と無関係ではなさそうである。

そのいくつかを具体的に紹介してみたい。

生坂池田家の相続問題

先に備中生坂《びっちゅういくさか》池田家の末期養子（急養子）について取りあげたが、その過程で、大名の遺児の扱いが公的系譜と家の系図で異なっていることを見てきた。生坂池田家については、『寛政重修諸家譜』と「池田氏系譜」を比較すると、もう一つ大きな相違がある。それは、池田政恭《まさゆき》の履歴である（系図6参照）。

『寛政重修諸家譜』によると、生坂池田家の五代目当主政恭は、はじめ政房と称し、のちに政恭と改名したという。ところが「池田氏系譜」によれば、政房と政恭は別人であり、政恭は病死した政房の跡を継承したとされている。この相続の件は『寛政重修諸家譜』には記載がなく、幕府へ無届けの相続、いわゆる「公辺内分」の相続であった。

このような公的世界と実態との相違は何を意味しているのだろうか。また、幕府へ届け出ない相続とは、いったいどのような手段でなされたのであろうか。この問題について考えてみることにしたい。

池田政弼の後継者

四代目の池田政弼《まさすけ》は、急逝した兄政員《まさかず》の跡を受け、明和四年（一七六七）三月二十一日に急養子の形で生坂池田家の当主となった。このことは、先に取りあげた通りである。

政弼は当初、兄の遺児である豊之助と秀次郎を自らの庶長子として届け、さらに豊之助については嫡子願を提出して跡継ぎに定めた。ところが豊之助は、安永三年（一七七四）に十六歳で早世してしまった。弟の秀次郎もすでに他界しており、政弼は改めて後継者の心積もりをしておかなければならなくなった。しかしまだ嫡出男子はなく、庶出の巳三（政峰）がいただけである。そのため、安永四年三月、政弼は取り敢えず庶出の巳三の丈夫届を提出することにした。ただしこの時の届けは、単に庶出の男子の存在を報告するというだけではなく、もう一つの要素をもっていた（「安永四年御扣帳」）。

私、在所において出生仕《つかまつ》り候妾腹《しょうふく》の男子、同姓巳三、当未《ひつじ》八歳罷《まか》りなり候。出生の砌《みぎり》、はなはだ虚弱に罷りあり候処、此節丈夫に罷りなり候に付、御届け申し上げ候。当時在所に差し置き申し候。これ以後妻男子出生仕り候わば、巳三儀、二男に仕るべく候。これにより以後在所への御暇《いとま》下され候節、仮養子願い奉るまじく候。右の段、お聞け置かれ下さるべく候。以上

三月　池田丹波守《たんばのかみ》

（私政弼には、国許に妾腹の男子があります。名前は巳三といい、今年八歳になる者です。出生の時点では大変病弱でしたが、今になって丈夫に成長致しましたので、お届け申し上げます。現在は国許におります。今後もし妻に男子が出生致しましたら、巳三〈政峰〉については、次男に致したく存じます。実子を届けましたので今後国許へ帰国する際には、仮養子はお願い申し上げません。この件をお含み置き下さいますようお願い申し上げます。）

系図6 【系図比較　生坂池田家　政房と政恭】

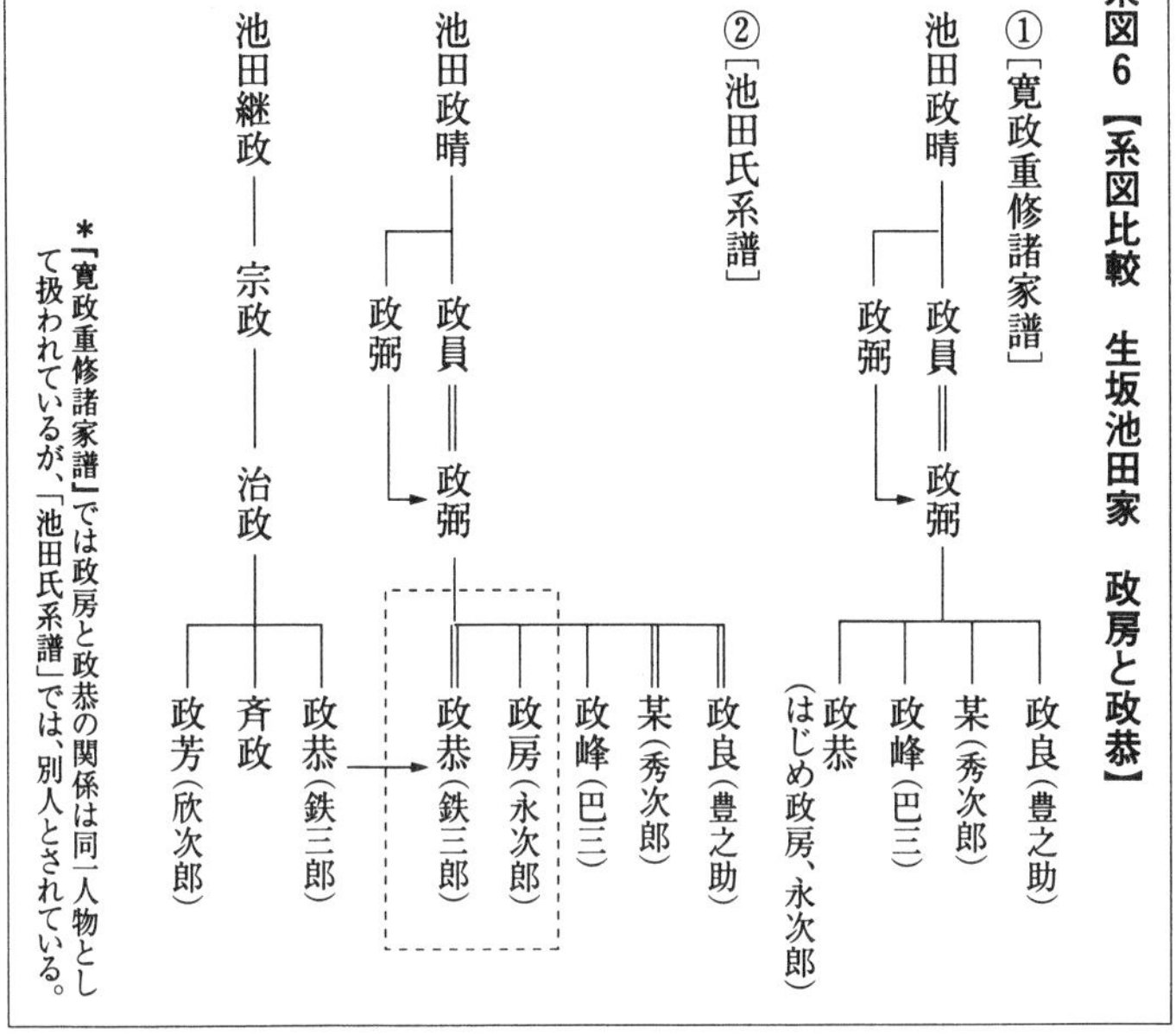

＊『寛政重修諸家譜』では政房と政恭の関係は同一人物として扱われているが、「池田氏系譜」では、別人とされている。

つまりこの「丈夫届」によって、巴三の存在は明らかにされ、正式に実子として位置づけられた。しかし同時に、もし将来嫡出の男子が誕生した場合には、その子が跡継ぎとなることが明確に謳《うた》われていた。つまり巴三は年長であっても、いずれ誕生するかもしれない嫡出子をしのぐ後継資格は、与えられなかった。

実は巴三の丈夫届が提出された時、政弼の妻は懐妊中であった。事実この半年後、嫡出の男子永次郎が誕生して、直ちに幕府へ出生届が出された。それと同時に巴三は、先の丈夫届の文言通りに、自動的に「次男」とされ、生まれたばかりの永次郎が後継候補の第一位に位置づけられた。この永次郎が、問題の「政房」

であった。

政弼の死去と相続問題

嫡子の誕生により、池田政弼の後継者問題は一段落したかに見えた。しかしそれもつかの間、今度は政弼本人の病気という深刻な事態を迎えることになった。すでに巳三の丈夫届を提出した頃から、政弼は体調不良を訴えるようになり、帰国を見送るなどしていたが、翌年の安永五年四月には麻疹《ましん》（はしか）を患い、その後も不調の日々が続くことになる。麻疹そのものは十日余りで治癒したが、持病（痰癪《たんしやく》）の再発によって病床を離れることができなくなってしまった。政弼は療養生活を余儀なくされ、一進一退の状態を繰り返していたが、七月二十四日にはついに重態に陥った。そして二十五日になると、「御容体とかくおすぐれ遊ばさず」となり、翌日には「至って御大切」という状況を迎えた。この段階で、池田家は改めて相続に関する願書を提出することになる。

七月二十九日付の願書の内容は、「相果て候わば、嫡子永次郎へ家督下し置かれ候様願い奉り候」（もし私が死亡した場合には、嫡子永次郎に家督を仰せつけ下さいますようお願い申し上げます）とあるように、嫡子永次郎への相続を願ったものである（「安永五年御扣帳」）。しかしこの時の永次郎は、まだわずか二歳の幼児にすぎず、幼年相続に対する懸念はすこぶる大きかった。とはいえ先の届け出からも明らかなように、政弼は永次郎を後継候補の第一位に位置づけていた。従って、幼君擁立にどれだけ不安があろうとも、事ここに至って後継者を変更することはできず、永次郎への相続を願うより他に手だてはなかったのである。

願書は安永五年七月二十九日に提出されるが、同日のうちに政弼の死亡届も幕府へ提出された。ただし「池田氏系譜」によると、実際の政弼死亡は七月二十五日である。従ってこの政弼の願書は、急養子願書の場合と同様、本人の存命の形を装いながら作成・提出されたものであった。享年は三十五歳であり、兄政員の急死により家を相続してから十年目の死であった。

さて、永次郎（政房）に対する相続は、九月二十三日に正式に認められ、二歳の幼年当主が誕生することになった。もちろん永次郎本人が登城することはなく、名代として豊後臼杵《ぶんごうすき》藩の藩主稲葉弘道《ひろみち》が登城し、「御家督相違なく下し置かれ候旨」を受けた。

しかし、幼年当主をかかえることになった生坂池田家の不安は並大抵ではなかった。また本家の岡山藩も、当主不在に等しい生坂分家の状態に、強い懸念を抱いていた模様である。そのため折に触れて、分家の家臣らに対しては、幼君永次郎の養育にはくれぐれも心配りを怠らないようにすること、また幕府への対応は万全を期して抜かりのないようにすること、などといった忠告を繰り返すことになる。当時の幕府の相続規定では、当歳の男子であっても家督を継承することは可能であった。しかしその子が十七歳未満で死亡した場合には、「跡目仰付られず」というのが原則であった。相続段階の永次郎はまだ二歳であり、万一にも永次郎が夭逝《ようせい》するようなことになれば、まさしく存続の危機である。その意味では生坂池田家は、常に断絶の不安を抱きながら永次郎の成長を待たねばならなかった。そして翌年、生坂池田家はまさに恐れていた事態に直面することになったのである。

幼君をめぐる動き

幼君の身代わり

池田永次郎は、二歳にして生坂池田家の当主となったが、生来余り丈夫ではなかったらしく、結局翌年の安永六年（一七七七）三月十一日、わずか三歳でその幼い生涯を閉じた。

しかし幕府の相続原則を考えると、幼君の死亡を表だって幕府に報告することはできなかった。もちろん、幼君死亡に対しては相続を認めないというのは「原則」であって、家の継承が認められる「可能性」がないわけではなかった。しかし分家大名に対する扱いは、通例の大名家とはまた異なっていた。享保期までの事例を見る限りでは、分家大名の当主の若年死亡に対する扱いは、原則として分家の解体であった。また明和二年（一七六五）に伊予松山新田藩の事例が示すように、分家当主が本家を相続した場合も、分家側は存続を認められないのが原則であった。従って幼君の死去に直面した生坂池田家は、当主死亡の事実をそのまま幕府に届けることはできなかったのである。

結局、池田家がとった非常手段は、当主死亡の事実の秘匿であった。そして密かに身代わりの当主をたてようと画策した。もともと生坂池田家は、岡山藩を本家とする分家大名であり、この身代わりの策謀は岡山藩の主導で行われた。それにしても、いったい誰を身代わりにしたのであろうか。

この段階でもっとも血縁的に池田永次郎に近い存在であったのは、永次郎の庶兄巳三であった。しかし巳三については、すでに幕府に丈夫届が提出されていた。従ってもし巳三を永次郎の身代わりにたてるとすれば、今度は実在しているはずの巳三がいなくなってしまい、辻褄《つじつま》があわなくなってしまう。そこで注目されたのが、岡山本家の庶長子鉄三郎であった。この鉄三郎とは、いったいどのような少年だったのであろうか。彼の履歴を、見てみることにしよう。

本家の庶長子

鉄三郎は、実は岡山藩第五代藩主池田治政《はるまさ》の庶長子であった。ただしこの鉄三郎は、『寛政重修諸家譜』の上では確認できず、公的には幕府へ届けられなかった男子であった。

一方「池田氏系譜」によると、鉄三郎は安永元年（一七七二）十月十一日、国許の岡山で誕生した。母は池田家の家臣柏尾氏の娘である。大名の庶子については、幕府に届け出がなされないこともしばしばあったが、鉄三郎もまた、そのような庶出男子の一人であった。ことに鉄三郎の生まれた時は、治政の正室米子が懐妊中であり、嫡出子の誕生が期待されていた。従って、庶出の鉄三郎の誕生が直ちに届けられなかったのは、むしろ当然のことであった。事実、この半年後の安永二年四月八日には、江戸で嫡出の斉政《なりまさ》が誕生し、その出生はすぐに幕府へ届けられて治政の嫡子として位置づけられた。

一方、鉄三郎の届け出は見送られたまま、国許で養育されることになった。

ところで鉄三郎は、安永五年五月までは「鉄次郎」と称していた。興味深いのは「鉄三郎」への改称と時を同じくして、二番目の嫡出子政芳が、通称を「欣次郎」に改めている点である。政芳は安永四年の生まれであり、出生と同時に幕府に届けられ、正式に治政の次男として公認されていた。しかし庶出の鉄三郎の方は相変わらず無届けのままであった。一見何気ない改称のように見えるが、そんな折の改称であることからすれば、これは池田家における政芳と鉄三郎の位置づけを象徴するものであった。つまり家督継承の第一位は嫡子斉政、そして第二位は同じく嫡出の政芳という立場を、名乗りの上に反映させたものであった。

そしてほぼ同じ頃、分家の生坂池田家では政弼の病状悪化が伝えられ、数ヶ月後には幼い永次郎が家督を引き継いだ。病弱な幼い当主永次郎を擁した生坂池田家が、万一の場合を勘案して、生坂池田家の後継候補を心積もりしなければならなくなった時、密かに注目されたのが本家の鉄三郎であった。鉄三郎は永次郎よりも三歳年長であったが、年齢的にもそれほど大きな開きはなかった。しかも幕府に正式に披露されていなかったことは、身代わりとしてはまさにうってつけの存在であった。おまけに本家の庶子となれば、「池田」の血統の上でも何ら不足はなかった。

年が明け、身代わりの問題が現実味を帯びてくる中で、池田家では国許にいた鉄三郎を江戸に呼び寄せることにした。しかし幕府へ届け出ていない以上、鉄三郎を治政の息子として出府させるわけにはいかなかった。そこで出府にあたり、岡山藩では家臣梶浦勘助の「子」という形を取り繕うことにして、準備に取りかかったのである。

一方、江戸では三月に入り、永次郎の病状は悪化の一途をたどった。当時の日記その他の記録には、永次郎の死亡に関する明確な記載はないが、三月に入ると頻繁な医者の出入りに加え、本家や縁戚《えんせき》関係者の訪問が確認できるようになる。とくに三月十二日には、池田家一門の旗本や縁戚者、それに本家の使者などが顔を揃えている記事が目をひく（「安永六年御扣帳」）。このような状況からすれば、「池田氏系譜」が忌日とする三月十一日に永次郎が亡くなったことはほぼ間違いのないところであろう。永次郎は「公辺内分にてひそかに東禅寺に葬る」とあるように、幕府へは無届けのまま、菩提寺《ぼだいじ》の東禅寺に埋葬された。

無届けの相続

当主を失った生坂池田家は、一刻も早い鉄三郎の江戸入りを待つより他はなかった。三月十五日に国許を出発した鉄三郎は、四月十一日に江戸の岡山藩邸に入った。また十五日には分家の屋敷に迎えられ、すでに死亡した永次郎の身代わりとして、生坂池田家の家督を引き継ぐことになったのである。

この間の状況を、「池田氏系譜」はこんなふうに伝えている。

安永六年三月十五日、鉄三郎は岡山を出立し、四月十一日に江戸に入る。夜中に本家の岡山藩本邸に南門から入り、奥向きに入った。同十五日、生坂池田家の真明院（政弼後室、永次郎実母）が本邸を訪れ、内々で鉄三郎を引き取り、同じ駕籠《かご》に乗せて愛宕《あたご》下の生坂池田家の屋敷に連れ帰った。その上で幕府へは無届けのまま政房の遺跡を継承し、鉄三郎は直ちに永次郎政房と名乗ることになった。

何とも生々しい記載である。これによれば、四月十五日、鉄三郎は内々で迎えに来た真明院（政房実母）とともに、同じ駕籠に乗せられ、愛宕下にある生坂池田家の屋敷に入ったという。この日、真明院が岡山の本邸を訪れていることは、「御扣帳」などの史料にも記録があり、彼女が鉄三郎の貰《もら》い請けに一役買っていることはほぼ確実である。そして生坂池田家に入った鉄三郎はそのまま「永次郎政房」の名を受け継ぎ、亡くなった永次郎の身代わりとして生坂池田家の当主となった。

岡山藩の四月十五日の記事を見ると、何人かの藩士に褒美が遣わされている。例えば鉄三郎を自らの「子分」として江戸へ連れてきた梶浦勘助に対しては、「鉄三郎様ご用向き、久々かれこれ骨折り相勤め候旨」に対する慰労である（「安永六年留帳」）。そして四月十五日付の記事を境として、岡山本家の諸史料においても、「鉄三郎」の存在を示す記事は全く見られなくなるのである。

こうして当主の入れ替えに成功した生坂池田家は、結局永次郎の死亡を公表することはなかった。そして身代わりの幼君の補佐役を全面的に担うことになったのが、同じ岡山藩の分家大名である鴨方《かもがた》池田家の政直であった。この頃、政直は体調不良を理由にほとんど帰国することなく、江戸に逗留《とうりゅう》していることが多かった。むろん健康上の問題があるのは事実であろうが、もう一つにはどうやら生坂池田家に対する補佐の意味もあったらしい。

政房から政恭へ

さて、身代わりとなった「永次郎政房」は、二年後の安永八年に通称を「永次郎」から「初之進」へ改称し、ついで実名も「政房」から「政恭」へとあらためた。また寛政二年（一七九〇）には将軍家斉《いえなり》への初お目見えを果たし、ようやく一人前の大名としての体裁を整えることになる。この時、政恭は公的には「十六歳」であったが、実はすでに十九歳になっていた。お目見えを済ませた政恭は、従五位下山城守《やましろのかみ》に叙任され、これ以後は「山城守」を称するようになる。そして政恭が初めて国許に赴くことを許されたのは、寛政三年のことであった。六歳の時まで岡山で育ち、偶然の成り行きで密かに岡山を離れた「鉄三郎」は、十四年ぶりに分家の当主池田山城守政恭として岡山に帰国することになったのである。

ただし、鉄三郎身代わりの一件は、あくまでも「公辺内分」の相続、つまり幕府には無届けで幼君を入れ替えたものであり、正式に幕府が認めたものではなかった。従って、永次郎の死去の事実も、鉄三郎の身代わりの経緯も公にすることはできなかった。少なくとも、生坂池田家の当主は安永五年に家督を相続した「永次郎政房」のままであり続けなければならなかったのである。

『寛政重修諸家譜』において、治政の庶長子鉄三郎に関する記載がないのは、基本的には丈夫届が提出されなかったことによるものであった。ただし鉄三郎の丈夫届が提出されなかったのは、はじめから身代わりを意識してのことではない。身代わりの問題さえなければ、いずれ鉄三郎の存在は丈夫届の形で幕府へ届けられ、養子先などが探されていたことであろう。嫡出子との関係から提出を見合わせていたことが、結果的に鉄三郎を「公辺内分」の相続の主人公に仕立てることになったものである。岡山藩池田家としては、この措置により分家断絶の危機を回避するとともに、これまで無届けであった庶長子に、分家大名の当主という公的立場を付与することになった。

ただしその代償は、六歳までの鉄三郎の履歴、および公辺内分の相続に関する記載の抹消であった。そして『寛政重修諸家譜』の生坂池田家の「政房（後に政恭）」の履歴は、三歳までは「永次郎」本人、それ以後は身代わりの「鉄三郎」の履歴を合体させたものとなったのである。

二　兄弟の入れ替え——備中鴨方池田家の事例——

年上の弟

先に紹介したのは、備中生坂池田家における「公辺内分」の相続である。大名家の相続は、本来、幕府の承認によって認められるものであったが、「公辺内分」の相続は、正規の手続きを踏まずに代替わりを行ったものである。具体的には公式の届けを出さないままに、相続を行うことであった。実は、岡山藩のもう一つの分家、鴨方池田家の場合も、十九世紀段階で「公辺内分」の相続がなされていた。この事例を紹介してみよう。

二つの系譜

鴨方池田家は、池田光政の次男政言《まさこと》を祖とする分家大名である。成立は生坂池田家と同じく寛文十二年（一六七二）であり、この時、本家岡山藩より新田二万五千石を分与されている。この鴨方池田家において「公辺内分」の相続の事実が確認されるのは、文政期（一八一八—三〇）に八代目当主となった池田政善《まさよし》である。公的な履歴では、政善は鴨方六代目の当主政養《まさよし》の男子の一人であり、急逝し

系図7【系図比較　鴨方・池田政養の男子】

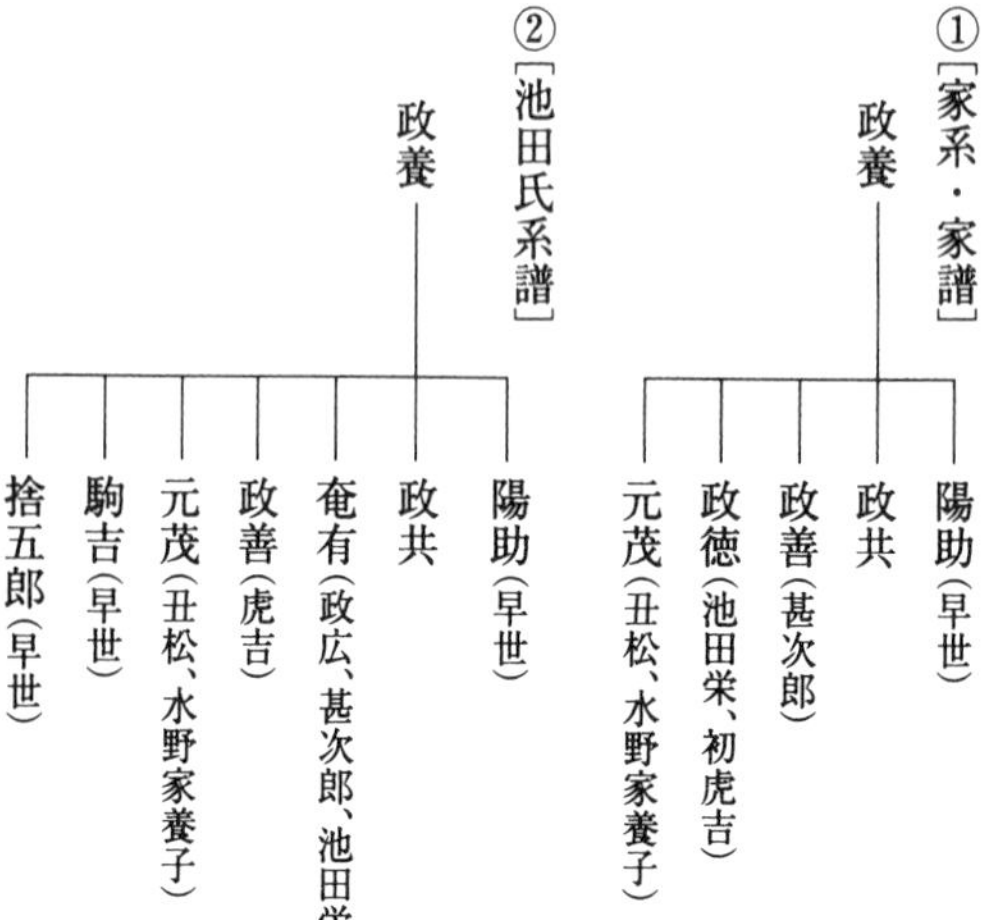

＊「寛政重修諸家譜」では政善は三番目の男子だが、「池田氏系」によれば、四番目の男子であり、家督を相続した兄政広に替わって八代目当主となった。

た兄政共《まさとも》の跡を相続したことになっているが、「池田氏系譜」ではもう少し複雑な相続事情があった。

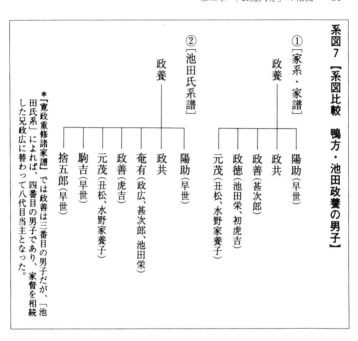

まず、鴨方池田家が明治政府に提出した「家系・家譜」（系図7の①）の記載から確認してみよう。記録は簡略であり、当主以外の子女についてはほとんど具体的な来歴なども記されていない。六代目の政養の男子については、五名が記載されているが、長男陽助は早世し、嫡子の政共は鴨方七代目の当主となり、三番目の男子政善は急逝した兄政共の跡を受けて八代目を継いだ。他の二人の男子は政徳と元茂であるが、四男の政徳については「池田栄、初虎吉」という通称が記されているのみで他に具体的記述はなく、

また五男の元茂は、通称丑松《うしまつ》、のちに旗本の水野家の養子となったとされている。

一方、「池田氏系譜」（系図7の②）によると、政養の男子は七名である。右の五名の下に、駒吉と捨五郎という二人の男子があったが、二人とも誕生後数ヶ月で夭逝した。公的な系図に記載がないのは、いずれも幕府へ丈夫届が提出される以前の死亡であったためであろう。

しかし問題は、八代目「政善」が何番目の男子であったのかという点である。①では、「政善」（甚次郎）は三番目の男子として記載され、その弟が「政徳」（虎吉）である。一方②では、「奄有（政広）」（甚次郎）が三番目の男子であり、「政善」（虎吉）は四番目の男子であったことになる。つまり①では、政善が三番目の男子であるのに対して、②によると、後に池田栄と称する男子の方が兄であり、政善はその弟であった。なぜ、公的記録と家の系譜でこのような記載の食い違いが起こったのだろうか。

「甚次郎」と「虎吉」

この相違について、②の「池田氏系譜」は次のように説明する。「奄有（甚次郎政広）」の履歴を見てみよう。

文化七年庚午《かのえうま》十二月九日、江戸生まれ。文政七年甲申《きのえさる》七月九日、兄政共の急養子となる。同年閏《うるう》八月二日、養父遺領二万五千石相違なく、柳間席。同十五日拝礼名代。同八年乙酉《きのととり》五月朔日、病気によって庶弟虎吉、密かに封を襲う。よって甚次郎の名を譲り、剃髪《ていはつ》して栄と改む。天保十年己亥《つちのとい》八月二十一日卒す。年三十。

右によれば、もともと「甚次郎」を名乗っていたのは奄有であった。この「甚次郎」は、政養の三番目の男子で、文化七年（一八一〇）十二月九日に江戸で誕生し、文政七年（一八二四）閏八月二日に家督を継承した。ここまでの履歴は、①の「甚次郎」の記載とも一致する。ところが問題は、翌年以降の記事である。つまり「甚次郎」は病気のために、相続から一年も経たないうちに弟「虎吉」に内々で家督を譲ってしまったのだという。

一方「虎吉」というのは、「甚次郎」の弟で、文化八年五月生まれの四番目の男子である。「密かに封を襲う」としていることからも明白なように、これは幕府へは無届けの相続であり、公辺内分の扱いであった。このことは「虎吉」の履歴からも確認できる。

文化八年辛未《かのとひつじ》五月九日、岡山に生まれ、同十年癸酉《みずのととり》九月、美保子と共に江戸下向。文政八年甲酉五月朔日、兄政広病身によって、内分譲りを受け、甚次郎政広と称し、二万五千石を領し、柳間席。同年十二月十六日、実名政敏と改む。同九年丙戌《ひのえいぬ》正月二十八日、始めて家斉公に謁見。二月十三日、前髪をとる。四月十八日、始めて休暇。五月十三日入部。同十年丁亥《ひのとい》五月四日、実名政善と改む。（以下略）

つまり文政八年五月一日の時点で、家督は三男「甚次郎」から四男「虎吉」に移り、同時に、それまでの通称も交換されることになったのだという。

もう一度「池田氏系譜」（系図7の②）にそって整理しておくと、政善は文化八年生まれの庶出の男子であり、兄甚次郎より五ヶ月遅く誕生した弟であった。従って、本来ならば家督とは無縁の男子のはずであったが、八代目として家督を相続した兄甚次郎が病弱であったため、幕府へは無届けのまま弟である政善が鴨方池田家を引き継ぐことになった。と同時に、当主であった兄の名乗りの「甚次郎政広」も受け継いだのだという。要は、「密かに」兄弟を入れ替えたのである。そして兄の身代わりとして当主となった「甚次郎政広」は、まもなく実名を「政敏」に改めることになる。その後、文政九年正月二十八日には将軍家斉への初お目見えを済ませて元服した。またその年の四月には、はじめての帰国を許され、五月には鴨方池田家の当主として岡山に帰国した。また、翌年には再び実名を改め、この時点から「政善」を称するようになったのだという。

池田栄の名乗り

一方兄の「甚次郎」の方は、弟虎吉に「甚次郎政広」の名前を譲り、剃髪して「池田栄」と称することになる。この「栄」という新たな名乗りは、本家である岡山藩の池田斉政の計らいによるものであった（「歴世分覧」）。

御上屋敷より判形雀部六左衛門御使者に罷り越し、東御殿へ罷りいで、少将様（斉政）より殿様へ御名栄様と進らせられ候。これにより殿様御名前、御舎弟虎吉様へお譲り進られ候。右は殿様の御振りに遊ばされ候。もっとも公辺御内分御引き替え故、すべてご祝儀事これ無し。御内々にて御内輪お取り替えこれあり。

〈本家岡山池田家の上屋敷から、本家の判形雀部六左衛門が鴨方邸を訪れ、本家の当主斉政公の御意向として、殿様〈甚次郎〉には「栄様」という御名を贈られることを伝えられました。そして現在の殿様の御名前である「甚次郎様」のお名前は弟君の虎吉様へ譲られるように、とのことでございました。これは虎吉様を「殿様御振り」とされるためです。ただしこれは内々の計らいであり、幕府へのお届けをするものではありませんので、相続、御改称に伴ういっさいの御祝儀事は執り行われません。あくまでも内輪でのお身代わりです。〉

右によると、本家の当主池田斉政は病身の「甚次郎」に池田栄と名乗らせると同時に、鴨方当主の「甚次郎政広」の名は、弟の「虎吉（政善）」に譲るように指示したという。これは虎吉を「殿様の御振り」にすること、つまり身代わりに立てることを意味していたが、あくまでも幕府へは内証の計らいであり、内輪での「お取り替え」であった。従って改称や相続に関するお祝い事もすべて控える、というものである。史料中の「殿様の御振りに遊ばされ候」という表現は、まさに兄弟取り替えの微妙さを物語るものであろう。

ここでもう一度、系図7の①の記述を見直してみたい。「家系・家譜」の記載に従えば、七代目政共の跡を継いで鴨方当主となったのは、あくまでも三番目の男子「甚次郎」政善であり、文政七年に八代当主となった彼は、弘化四年（一八四七）に亡くなるまで鴨方藩主としての立場を全うしたことになる。

一方、弟の政徳は、「池田栄、初虎吉」とあるように幼名を虎吉と称していたが、後に剃髪して「池田栄」と称することになった。①によれば、剃髪して「栄」と称したのは鴨方の家督とは無縁の弟の問題であって、兄弟入れ替えの痕跡《こんせき》はみじんも窺《うかが》うことができない。①が公的な系譜である以上、幕府へ無届けの相続は確認できなくて当たり前であろう。「公辺内分」の当主交代の計らいを隠蔽《いんぺい》するためには、弟虎吉の方が剃髪した形にして、辻褄あわせを行うより他はなかった。

しかし②の「池田氏系譜」を見れば、剃髪して池田栄となったのは紛れもなく兄「甚次郎」の方であり、少なくとも数ヶ月間は当主の座にあった。しかし文政八年五月以降は、文化八年生まれの弟「虎吉」の方が当主となった。公的系譜と「池田氏系譜」の違いは、このような「公辺内分」の相続が引き起こしたものであった。

病弱の当主

甚次郎の病弱

ところで、甚次郎の病気は決して突発的なものではなかった。それならばなぜ、鴨方池田家では敢《あ》えて病身の甚次郎に家督を相続させたのであろうか。

事実、鴨方池田家では、甚次郎の相続直後から、当主の病弱に翻弄《ほんろう》されている。例えば兄政共が死去した時、甚次郎はすでに十五歳になっていた。従って通例ならば、家督継承にあたり、本人が直接赴いて仰付を受けるのが常道であった。しかし文政七年閏八月二日、呼び出しを受けた甚次郎は、病気を理由にこれを断り、一族にあたる池田定保《さだやす》（鳥取藩池田家の分家大名）に名代を依頼している。また同月十五日の「御家督御礼」についても、遠縁の播磨《はりま》林田藩の建部政醇《たけべまさあつ》を代行にたてていた。いわば襲封と同時に、幕府に対する諸行事については「名代」や「代行」によって対応しなければならなかったのである（「歴世分覧」）。

一方、鴨方池田家の家内においても、公的な場では当主の存在は不可欠であった。当時の状況を見ると、池田家ではしばしば当主の付き添いとして弟の虎吉を同席させ、その場を凌《しの》いでいた。例えば、名代を依頼した池田定保や建部政醇が鴨方邸を来訪した際も、当主甚次郎とともに弟虎吉が立ち会っていた。つまり襲封当初から、甚次郎の健康が当主としての任に堪えられなかったことは明らかであろう。その意味では、遠からず何らかの対応をとらねばならなかったのである。結果的に鴨方池田家がとった手段は、数ヶ月後に「公辺内分」の形で兄弟を入れ替えることであった。

しかしそうなると余計に、なぜ病弱な甚次郎に襲封させたのかがわからなくなる。そしてまた、兄弟の入れ替えが、なぜ文政八年という時点だったのだろうか。そのあたりの事情を、もう少し探ってみよう。

兄政共の急死

池田甚次郎の襲封には、七代目当主である兄池田政共の急死と深い関わりがあった。この点を「信濃守様御病気急御養子御願一件」という史料から見てみよう。政共は文政二年（一八一九）、父政養の死亡により、十四歳で鴨方池田家を相続した。政共は相続許可の直後に、「家督御礼」を兼ねて将軍に初お目見えを果たした。十七歳で元服した政共は、一人前の大名として幕府の諸行事に加わるようになり、文政五年には初帰国を許された。しかし政共は、生来あまり丈夫な体質ではなく、文政七年の二回目の帰国を控えた時期にも体調不良を訴えていた。結局は医師を同道の上で、四月二十五日に江戸を発足することになるが、無理がたたったらしく、美濃国大湫《みののくにおおくて》で発病してしまった。数日の養生の後、無理を押して再び岡山に向かうことになるが、摂津《せっつ》郡山で再び逗留を余儀なくされた。左は、政共の名で出された五月二十五日付の幕府への届書の内容である。

私池田政共は、四月十八日に帰国のお許しをいただき、二十五日に江戸を発足致しました。ところが五月五日に美濃国大湫宿に到着したところで、麻疹に罹患《りかん》し、旅行を続けることができなくなり、大湫宿に逗留して治療にあたりました。一応病状も快復しましたので、旅行を再開いたしましたが、二十一日に摂津国郡山まできたところで持病の足痛がおこり、また風邪の熱で体調を崩し、旅行の続行が不能となりました。そのため郡山で逗留し、養生にあたった結果、多少病気もよくなりましたので、二十五日に郡山を発足し、再び帰国の途につくことに致しました。この段、お届け申し上げます。

この届書によると、一行は美濃大湫駅で七日間、また摂津郡山で四日間の逗留を挟み、再び帰路についたという。しかし「御内実は五月二十二日、郡山駅にて御卒去なされ候」とあるように、実は郡山にて政共は他界していた。しかし鴨方池田家では政共の急死を秘匿し、敢えて生存の体を装いつつ、そのまま国許に向かったのである。この時、政共にはまだ男子がなく、後継者は確定していなかった。従って早急に末期養子（急養子）手続きをとって、家の存続をはからなければならなかった。しかし、急養子願書はあくまでも当主本人の名による願書でなければならない。従って願書を提出するまでは、何としてでも政共の死去を公表するわけにはいかなかったのである。

一行は五月二十九日に帰国した後、六月八日に政共の帰国報国と同時に、病気の再発と悪化の報告を江戸に送付した。ついで六月二十一日、「軽からざる御容体」届、また六月二十六日には「差し重り」届というように、段階的な報告を行い、あわせて六月二十七日付の「急養子願書」を作成した。

仮養子の制約

仮養子と後継者

問題は、誰を養子にするのかという点である。しかし実は、もはや後継者を選択する余地はなかった。跡継ぎが確定していない大名は、帰国に際して仮養子願書を幕府老中に預け置くことを慣例としていた。これは万一にも帰国中の当主の身に不測の事態がおこった場合に備えて、仮の養子を指名しておく制度である。今回のような政共の不慮の死去は、まさに仮養子願書の効力が発揮される場面であった。

政共が帰国に先立ち、四月二十一日の時点で、老中青山忠裕《ただやす》の手許に託した仮養子願書の中で、仮養子に指名していたのが実弟「甚次郎」であった。当時、政共の弟の中で嫡出の男子は甚次郎一人のみであり、他は庶出である。従って常道からすれば、仮養子に指名すべきは実弟の甚次郎であった。むろん、この段階ですでに甚次郎の病弱は明らかであったものと推測される。しかし敢えて仮養子から甚次郎をはずすには、相応の理由がなければならず、よほどのことでもない限り甚次郎をさしおいて他者を指名することは難しかった。そして結局は、不安を残しながらも甚次郎を仮養子として、江戸を出発することになったものと推測される。

しかしこのような事態に至った以上、もはや変更は不可能であった。仮養子の願い替えは、願書提出者本人の意思表示がない限り、原則として撤回や変更はできないことになっていた。それも、実子が誕生したとか、仮養子に指名していた男子が他の家の正式養子として決定した、とかいうような正当な理由が必要であった。その意味では、すでに当主政共の急死という緊急事態への対応を迫られていた鴨方池田家にとっては、いまさら仮養子を変更するだけの余裕などなかったのである。

この時点での急務は、ともかくも家の断絶の回避であった。従って甚次郎が病身であろうとも、政共の意志に基づく後継者として、弟甚次郎への相続を願うより他に手だてはなかったのである。
こうして政共の死去から約一ヶ月後、政共の名をもって「急養子願書」が作成された。

急養子願い奉り候覚

松平上総介《かずさのすけ》領知備中国新田之内分知
高弐万五千石
池田　信濃守《しなののかみ》
当申十九歳
弟池田　甚次郎
当申十五歳

急養子願い奉り候者

私（政共）儀、在所において病気に罷りなり候に付、先達てお届け申し上げ候通り油断なく養生仕り候えども、熱気強く、その上浮腫《ふしゅ》これあり、小水通利宜《よろ》しからず、疲労相増し、段々差し重り本復仕るべき体、ござなく候。しかるところ、いまだ男子ござなく候。これによりもし相果て候わば、当夏在所へ御暇下し置かれ候砌《みぎり》、仮養子願い奉り置き候弟甚次郎儀、養子仰せつけられ、跡式相違なく下し置かれ候よう、願い奉り候。已上《いじょう》

手揮《ふる》え候に付印形相用申し候

文政七甲申年六月二十七日
池田　信濃守

青山　下野守殿《しもつけのかみ》

水野　出羽守《でわのかみ》殿
大久保加賀守殿
松平　和泉守《いずみのかみ》殿
松平右京大夫殿

（私政共は、在所において発病し、過日お届け申し上げました通り養生に手を尽くして参りましたが、相変わらず熱が高く、浮腫もあり、排尿にも問題を生じ、病状も次第に悪化しております。すでに病気は重く、快復の見込みも望めない状態です。しかし私にはいまだ男子がありません。そのため、もし私が死亡するようなことになりましたら、この夏、帰国の際に、仮養子にお願いしておりました弟甚次郎を養子として、なにとぞ跡式の継承をお許し下さいますよう、お願い申し上げます。）

この願書（六月二十七日付）は、直ちに江戸に送付され、付帯文書とともに七月九日、月番老中の松平乗寛《のりひろ》に差し出された。願書を提出したのは、岡山藩の分家大名である生坂池田家の政範《まさのり》である。添付された文書は、①担当医を書き上げた「薬服用の医師、容体見させ候医師」、②親類・遠類を書き上げた「続書」、③現在懐妊中の女性がいないことを記した「懐胎婦人ござなく候」届、④一族熟談の場に立ち会った「池田信濃守留守へ相詰め候面々」の書付四点である。また分家大名という性格上、本家からの相続添願いも不可欠であり、これもあわせて政範の手から幕府へ提出された。

願書は無事に受理され、その翌日、改めて正式に政共の死亡届（六月二十八日死亡）が提出された。

五月二十二日の政共の死去は、ほぼ一ヶ月後に正式に幕府へ届けられ、公表されたのである。

もう一度先の二つの系図史料を確認してみたい。実は二つの系図における政共の死亡月日は異なっている。すなわち公的系譜である①は、正式に届けられた日付である六月二十八日を死亡日とし、家の系譜である②では、帰国途中で他界した本来の日付五月二十二日を忌日としている。この背景には右のような相続をめぐる「公辺内分」の扱いがあったのである。

死亡届の提出により、急養子に指名された甚次郎は、定め通り服忌《ぶっき》を受けることとなった。そして忌み明け後の閏八月二日、幕府より相続仰付の運びとなったが、病身のため自ら登城できなかったことは、先に指摘した通りである。

九ヶ月間の幻の当主

当主政共の死亡という緊急事態の中で、鴨方池田家としては家の存続を最優先させ、甚次郎への相続を願うより他はなかった。その結果、池田家では事あるごとに当主甚次郎の病弱に対応しなければならなくなった。公的行事について、はじめのうちこそ「名代」や「代行」、そして「介添え」で凌《しの》ぐことも可能であったが、それにも限界があろう。おまけに甚次郎が襲封したのは、十五歳である。大名家の当主としては、元服や将軍への初お目見えなども目前に迫っていた。十七歳を迎えれば、参勤交代をはじめとする諸公務も果たさなければならなくなり、何らかの手段を講じなければならない時期にきていた。

表3　【池田政共急養子願書提出の経緯】（文政7年）

帰路・岡山	江　戸
	4.18　在所暇挨拶
	4.21　仮養子願書提出
	4.25　江戸発足
5.5　美濃大湫にて麻疹発病	
5.7　大湫より病状および滞留届	
	5.15　届書提出（大湫発病　5.7付）
5.13　病気快復、大湫発足	
5.21　摂津郡山にて持病再発	5.21　届書提出（大湫発足　5.13付）
5.22　【摂津郡山にて死去、秘匿】	
5.25　摂津郡山発足、滞留・発足届	
5.29　帰国	
	6.6　届書提出（郡山滞留・発足5.25付）
6.8　政共重病届	
	6.18　帰国御礼 届書提出（重病届6.8付）
6.21　政共容体届	
6.26　政共差重届	
6.27　「急養子願書」作成	
6.28　政共死去届	
	7.6　届書提出（容体届6.21付）
	7.8　届書提出（差重届6.26付）
	7.9　一族寄合、願書内容の確認 「急養子願書」（6.27付）提出
	7.10　死亡届（6.28付）提出

ここで考えうる手だては、二つであろう。この時甚次郎は病弱とはいっても、死亡してしまったわけではなかった。従って、どうしても「公辺内分」の相続を行わなければならない必然性はなかった。そのため第一の手段は、時期を見はからって何とか甚次郎に将軍への初お目見えを行わせ、その上で十七歳になるのを待って、改めて甚次郎の跡を継ぐ養子を申請するというものである。

将軍への初お目見えは、大名にとってははじめて公的立場を表明する儀礼であり、極めて大きな意味をもっていた。従ってお目見えを済ませた後では、幕府へ内証で当主を入れ替えることはできない。もちろん、この方法が本来であるが、それにはまず何よりも、甚次郎の将軍お目見えを実現させなければならない。おまけに、養子の申請には甚次郎が十七歳になるまで待たねばならず、政治的不安定さを先送りすることは明白である。また、はじめから相続手続きをし直すとなれば、諸儀式に伴う経済的負担が倍加することも明らかであった。

もう一つは、実際に鴨方池田家がとった方法である。つまりこの時点で、幕府へは無届けのまま兄弟を入れ替え、はじめから弟の「政善」が当主であった体を装って、将軍へのお目見えを果たさせ、通常通り公務を遂行させるというものである。二つの手段を比べれば、前者が正規の手続きであることは言うまでもない。しかし、万一にも甚次郎の将軍初お目見えが実現できないようなことにでもなれば、鴨方池田家の存続問題が浮上してくるのは必至であった。その意味では、遠からず甚次郎を引退させねばならないとの判断が、結局後者を選ばせたのであろう。そして兄弟入れ替えから八ヶ月後の文政九年正月、鴨方八代目の当主「政善」は将軍への初お目見えという大きな関門を、ようやく通過したのである。

なお、相続から九ヶ月後の兄弟入れ替えは、政善の履歴に微妙な影響を与えることになった。嫡出の兄甚次郎の方は、岡山本家の池田治政の娘兼子を母とする男子であり、岡山の当主斉政の実の甥《おい》であった。一方、弟の政善は側室岩田氏を母とする庶出の男子であり、岡山本家との血縁的関係はほとんどなかった。しかし、「公辺内分」の相続によって甚次郎の履歴をも引き継ぐことになった政善は、一歳年長に扱われるようになると同時に、公的には斉政の「甥」として位置づけられたのである。

三　系図から抹消された少年――池田政方の男子の記載――

無届けの養子

池田政方の男子

鴨方池田家について、公的史料からは窺えない相続の実態を、もう一例とりあげてみたい。「池田氏系譜」の鴨方三代目の当主池田政方《まさみち》の男子に注目してみよう。

池田政方は、一族の旗本から鴨方池田家の二代目政倚《まさより》の養子となり、元文三年（一七三八）に襲封した。政方の子女は多く、「池田氏系譜」の記載によれば、三十一名の子女が記載されている。内訳は実子二十九名、そのうち男子十三人、女子十六名であり、この他に養子一名、養女一名があった。もっともこの中には早世者も含まれているが、問題は公的系譜である『寛政重修諸家譜』と「池田氏系譜」との違いである。

まず、政方の男子に関する記載を比較してみよう。

表4は、『寛政重修諸家譜』と「池田氏系譜」に記載された男子の一覧である。「系譜」から確認で

表4　【鴨方・池田政方男子一覧】

名前	生年[A]	生年[B]	履　　歴	死去年	行年 A[B]
政香	延享元(1744)	寛保元(1741)	宝暦10(1760)相続・鴨方池田家4代目	明和5（1768)	25[28]
政直	延享3（1746)	延享3（1746)	明和5(1768)兄政香養子・5代目/寛政12(1800)隠居	文政元(1818)	73[73]
[兵治]	寛延3（1750)	なし		宝暦3（1753)	4
季農	宝暦元(1751)	宝暦元(1751)	明和6(1769)本間季道養子	寛政6（1794)	44[44]
[辰之丞]	宝暦10(1760)	なし		宝暦10(1760)	1
[豊之進]	宝暦11(1761)	なし		宝暦11(1761)	1
政宣	宝暦11(1761)	宝暦10(1760)	安永9(1780)池田長置養子/同10年相続/寛政元(1789)隠居	文政11(1828)	68[69]
[平之助]	明和元(1764)	なし		明和3（1766)	3
[林之助]	明和3（1766)	なし		明和4（1767)	2
元智	明和5（1768)	なし	[竹中家相続]	文化4（1807)	40
方教	明和8（1771)	明和2（1765)	天明2(1782)池田政朗養子・相続	寛政3（1791)	21[27]
[力之助]	安永6（1777)	なし		天明元(1781)	5
頼功	安永8（1779)	明和8（1771)	寛政4(1792)池田頼完養子/文化6(1809)相続	文化11(1814)	36[44]

注[A]は「池田氏系譜」、[B]は『寛政重修諸家譜』、一部「鴨方池田家年譜留」にて補足。

『寛政重修諸家譜』の生年・没年記載のない場合は、記載年齢から逆算した。

きる政方の男子は十三名であるが、そのうち六名は早世し、成人に達した男子は七名であった。その中で鴨方池田家に残されたのは、嫡子の政香《まさか》と次男の政直《まさなお》である。政直は、のちに男子にめぐまれなかった兄政香の養子となって、鴨方池田家の五代目当主となるが、他の成人男子はいずれも旗本の養子となって池田家を出ていた。

夭逝した男子が『寛政重修諸家譜』などの公的系譜から省かれるのは、通例の扱いである。しかし問題は、成人して旗本の養子に入り、家を継承しているにもかかわらず、系譜から抹消されている男子がいることである。十番目の元智《ちかとも》（隆之助）である。この元智については、『寛政重修諸家譜』では巧妙に抹消されており、来歴も確認できない。それならば、どうして元智の履歴が省かれなければならなかったのだろうか。

省かれた履歴

ともあれ、「池田氏系譜」の元智に関する記事を見てみよう。

元智　［幼名隆之助　厚之進　主殿　従五位下　竹中遠江守］

明和五年三月二十四日、江戸生まれ。後に竹中厚之進某の早世に伴い、「公辺内分」にて竹中家を相続する。相続後ただちに厚之進と称し、美濃岩手五千石を知行する。柳間席。その後大番頭に任じられ、従五位下遠江守に叙任。文化四年八月十七日、江戸にて死去。行年四十歳。芝泉岳寺に葬られる。

元智の履歴は、この史料の中で語り尽くされているが、右によれば、元智は明和五年（一七六八）の生まれであり、幼名を「隆之助」といった。彼はのちに旗本の竹中家の養子となっているが、元智の竹中家相続は「公辺内分」の相続、つまり幕府へは無届けであった。元智は竹中家に入ると同時に「竹中厚之進」の名を引き継ぎ、当主となった。竹中家は美濃岩手に五千石の知行をもち、参勤交代を行う旗本、いわゆる交代寄合であった。江戸城の詰め席は柳の間である。その後、元智は従五位下遠江守に叙任され、また大番頭などを勤めるが、文化四年（一八〇七）に四十歳で亡くなったという。

なぜ元智が竹中家を相続することになったのか、その詳細については記載がない。しかし「池田氏系譜」の記事の通りならば、旗本の「竹中厚之進」が若くして亡くなった時、その死亡は公表されなかったことになる。そして身代わりとして同じ年頃の元智が密かに迎えられ、竹中家の当主になったというのである。この竹中家は、戦国時代の知将として知られる竹中半兵衛重治《しげはる》の末裔である。

一方『寛政重修諸家譜』によると、厚之進は天明元年（一七八一）三月五日に、亡くなった祖父の跡を受けて、十四歳で竹中家の家督を襲封して、当主となった。厚之進の実名は「元智」であり、のちに「重寛《しげひろ》」と改名している。将軍家治への初お目見えは天明三年十二月七日、十六歳の時であったとされているが、当然のことながら『寛政重修諸家譜』の上では無届けの存続を匂わせる部分は全く窺えないのである。

ない。

系図の操作

元智の竹中家相続

それにしても、いったいどの段階で竹中厚之進が死亡し、その身代わりとして池田家の男子元智が竹中家に入ったのであろうか。この点については、残念ながら具体的な時期を明記した史料は見られない。公的史料ではむろんのこと、「池田氏系譜」においても「その後」とあるだけで年次の明記はない。

ただし、その時期を推測させる手がかりはいくつか残されている。まず、なぜ敢えて「身代わり」という形をとっているのか、という点である。

もし厚之進の死去が、竹中家の当主となる天明元年三月以前のことであれば、何も幕府に対して「内分」にする必要はなく、単に後継者を変更すればよかったはずである。要は、嫡子の死亡を届け、改めて養子手続きをとれば、それで済むことであった。また厚之進がすでに十七歳に達していたならば、その場合も「公辺内分」というようなあざとい手段をとる必要はない。すでに、養子を迎えることのできる年齢になっていたのであれば、正式に後継者を選び、末期養子（急養子）を申請することによって後継問題は片づくであろう。何も幕府へ無届けで、内々で男子を貰《もら》い請けることはなかったのである。

そうなると敢えて「公辺内分」の形を取ったということからすれば、厚之進の死去は、幕府に届けることができなかった段階であったことになる。つまり天明元年以降、そして厚之進がまだ十七歳に達していない天明三年までの間であったことを窺《うかが》わせる。ことに厚之進は、天明三年の十二月に将軍への初お目見えを済ませている。大名や旗本にとって、お目見えは自ら公的な立場を表明する重要な儀式である。従って将軍へのお目見えを済ませた後で入れ替えを行うことは、あまりにも問題が大きすぎる。やはりそれより以前、と考える方が妥当であろう。その意味でも竹中家の身代わりは、厚之進が当主となって間もない頃、そして遅くとも初お目見えの天明三年十二月より前であったと推測できる。

池田家側の事情から勘案すれば、さらに時期は限定できそうであるが、その点はあとに回し、先に池田家の系図操作の状況を確認しておきたい。本来、存在していた男子元智を内々で竹中家へ送り出してしまった以上、鴨方池田家の系図をそのままにしておくわけにはいかなかったのである。

元智の履歴の抹消とその波紋

内々の形で元智の身柄が竹中家に移ったことにより、公的には「元智」は鴨方池田家にいなかったことになる。従って少なくとも公的史料からは、「元智」の痕跡を消さなければならなかった。これが、『寛政重修諸家譜』の鴨方池田家の系譜から「元智」の存在が消されている理由である。逆に言えば、この相続が非公式であったからこそ、系図上の操作が不可欠だったのである。

ただし公辺内分の相続は、元智の履歴を抹消するだけでは済まず、思わぬ波紋を呼ぶことになった。実は鴨方池田家では、安永二年（一七七三）の段階で「隆之助」（元智）という名の庶出男子の丈夫届を幕府に提出していたのである。従って系譜の上で「元智」を削除することはできても、すでに届けを出している「隆之助」の存在は逆に削るわけにはいかなかった。幕府への届け出や提出書類の名前は大部分が通称で行われている。そのため名前の問題は、実名よりもむしろ通称の辻褄あわせが重要であった。ともあれこの場合も、正式に丈夫届が提出されている以上、「隆之助」の通称をもつ男子の存在を、『寛政重修諸家譜』の上に何らかの形で残さなければならなかったのである。しかし竹中家との関係からすれば、内々で養子に出した事実を明記するわけにもいかない。また「隆之助」を死亡扱いにしてしまうことも、幕府への届けや葬儀の執行を伴うものだけに困難であった。それならば、届け出を出した「隆之助」について矛盾なくおさめるには、どうすればよいのだろうか。

その辻褄あわせのために池田家がとった手段は、「隆之助」の名を元智の弟方教《まさのり》に名乗らせることであった。当初、方教は「角次郎」と称していたが、兄元智から「隆之助」の名前を譲られて、兄の通称を引き継ぐことになった。ただしその結果として、方教は明和八年（一七七一）の生まれであったにもかかわらず、公的な履歴では、兄の丈夫届の記載に従って、明和二年（一七六五）生まれとされた。つまり隆之助の名乗りを譲り受けたことにより、履歴をも引き継がなければならなくなり、実年齢よりも六歳年長の男子として扱われることになったのである。

隆之助と角次郎

これで「隆之助」の一件は一応解決したが、次の問題は「角次郎」であった。実は「角次郎」も、すでに天明元年（一七八一）閏五月に丈夫届が提出されていたのである（「東政秘録」）。この届書は、当時の鴨方池田家の当主池田政直から提出されていた。政直は政方の息子であったが、兄政香の養子として鴨方池田家を相続していたため、系譜の上で政方と政直は祖父と孫という関係となっていた。

池田　角次郎
丑十一歳

右は祖父長閑斎（政方）妾腹の男子にてござ候。出生のみぎり、虚弱につきお届け仕らず候ところ、この節丈夫に罷りなり候に付、お届け申し上げ候。この段お聞け置き下さるべく候。以上

閏五月　池田　信濃守

（右の池田角次郎〈十一歳〉は、私の祖父長閑斎〈政方〉の妾腹の男子です。出生当時は虚弱でしたのでお届け申し上げませんでしたが、最近丈夫に成長致しましたので、お届け申し上げます。宜しくご承知置き下さいますようお願い申し上げます。）

右に見る通り、政方の庶子として「角次郎」という男子の存在が、幕府へ正式に届けられている以上、この「角次郎」についても、「いなかったこと」にするわけにはいかなくなる。従ってこの「角

次郎」の扱いも、「隆之助」同様、弟を繰り上げる方法がとられた。方教には、二人の弟があったが、力之助はすでに夭逝していた。従って「角次郎」を受け継ぐことができるのは、吉之丞（頼功《よりなり》）しかいなかった。そこで吉之丞も兄方教から「角次郎」を譲られて、兄の通称と履歴を受け継ぐことになる。幸いにも、この時まだ三歳であった吉之丞の丈夫届は提出されていなかった。そのため、元智の公辺内分の相続によって生じた系譜上の矛盾は、二人の弟の名乗りをかえることで一応辻褄をあわせることができた。しかし当時三歳であった吉之丞（頼功）は、結局十一歳という履歴まで受け継がなければならなくなったため、実年齢と公的年齢の差異が八歳にも及ぶことになったのである。

この三人の履歴操作については、「池田氏系譜」中の関係部分の記載のみを抜き出して並べて見れば一目瞭然《りょうぜん》であろう。

元智（隆之助）公辺内分にて竹中家を相続、直に厚之進と改め、これまでの称隆之助の字を弟方教に譲る

方教（角次郎）その後、兄元智の名を譲られて隆之助と改む

頼功（吉之丞）その後、兄方教の名を譲られて角次郎と改む

結局、旗本竹中家の若い当主厚之進の死亡に伴うお家断絶を回避するためには、「公辺内分」の相続が必要であり、同じ年頃の池田元智が内々で竹中家を引き継ぐことになった。しかしそのことは本来池田家にいなければならないはずの「隆之助」の存在をなくすことになってしまった。その矛盾を

解消するための手段が、弟たちに名前と履歴を引き継がせることであった。つまり「隆之助」を「角次郎」に、「角次郎」を「吉之丞」に、という形で、いわば玉突きのように通称を順送りすることになったのである。つまり末弟の頼功の年齢操作は、兄元智の「公辺内分」相続に端を発したものであった。

公辺内分の相続時期

先ほど竹中家の状況からは、「公辺内分」の相続時期は天明元年三月から同三年十二月までの間と考えたが、池田家の事情を入れるともう少し限定できそうである。

その一つは、「角次郎」の丈夫届の提出時期が天明元年の閏五月だったことである。もし、元智の竹中家相続がこれより前であったならば、何もわざわざ角次郎という名の丈夫届を出すまでもなく、そのまま弟の方教に隆之助を名乗らせれば済むことであった。逆に言えば、角次郎の丈夫届の提出時には、まだ「内分」の相続の話は持ち上がっていなかったと考えるのが妥当であろう。

おまけに方教は、「隆之助」の名前を受け継いでからまもなく、池田一族の旗本池田政朗の養子となっている（「東政秘録」）。

（天明二壬寅《みずのえとら》年）四月二十一日

一、池田采女《うねめ》（政朗）殿、御病気お大切に付、急御養子に信濃守（政直）様御実弟隆之介（ママ）様御所望に付、御承知なされ候由、今日御届けこれあり候旨。

右によると、天明二年四月二十一日に、一族の旗本池田政朗から鴨方池田家に対して急養子の要請があったという。養子に所望されたのは、当主政直の実弟隆之助（方教）であり、政直もすぐさまこれを了承した。この時所望されたのは、すでに「隆之助」の名前を引き継いだ方教であった。そのことからすれば、すでにこの時点では元智から方教へ名前が譲られていなければ矛盾してしまう。

このような池田家の状況から考えると、竹中家の「公辺内分」の相続は、天明元年閏五月から、翌年の四月までの間に限定できそうである。つまり、竹中厚之進の死亡は相続から一年以内のことであり、厚之進はまだ十四、五歳の少年であった。十七歳未満の当主死亡は、相続が認められない原則であった。だからこそ竹中家では、幕府へ届けずに内々で池田家の男子を貰い請け、身代わりとしなければならなかったのである。

これは旗本における「公辺内分」相続の事例であるが、旗本の場合は大名以上に十七歳未満の制約は強かった。その意味でも、相続における年齢的制約の大きさは当時の大名や旗本にとって極めて大きな枷《かせ》になっていたということができよう。

もちろん、このような非公式の旗本の相続の実態は、『寛政重修諸家譜』のような公的史料からでは到底窺いえないところである。年齢の操作は、ごく一般的に見られることであるが、場合によっては思いがけない相続事情を明らかにすることのできる手がかりになるのかも知れない。

四　身代わりの幼君

―肥後人吉藩相良家の相続問題―

名家断絶の危機

相良家の来歴と家臣団

公辺内分の相続は、肥後人吉藩《ひごひとよし》相良家《さがら》においても確認できる。次にこの事例について、当時の相良家が抱えていた諸事情に注目しながら、どのような経緯で公辺内分の相続を行うことになったのかをたどってみたい。

人吉藩相良家は、二万二千石余の外様大名である。相良氏は鎌倉時代より熊本県南の人吉を領有していた一族であり、戦国期の動乱を経ながら近世大名として存続した名族の一つである。しかし、長い系譜を維持してきた名家であるがために、相良家の家中の構造は複雑であり、ことに強力な一門（門葉）の存在はさまざまな対立と確執を引き起こす要因になっていた。江戸時代初期におこった椎《しい》葉山《ばやま》騒動、相良清兵衛事件、村上家騒動なども、中世的性格を色濃く残す相良家の家臣団構造に起因するものであったという。

相良家における家老と一門との根深い確執は、その後も深刻な事件を誘発することになるが、とくに十八世紀半ばには、若い当主の交代が相次ぐ不安定な状況の下で、家臣団の対立は激化し、経済政策をめぐる家中対立と御家騒動、藩主毒殺の謀議、藩主狙撃《そげき》事件などが続き、これに深刻な相続問題が絡むなど、藩政を揺さぶる諸事件が相次いだ。

これらの諸事件については、史料的な限界はあるものの、『人吉市史』『球磨《くま》村誌』『物語藩史』などにも紹介されており、およその概要を窺い知ることができる。ここでは相良家の相続問題を中心に、当時の相良家の実態を追ってみることにしよう。

御手判銀騒動と家中対立

十八世紀半ばに、相良家譜代の家老と門葉との確執を表面化させることになったのは、財政打開策をめぐる騒動であった。いわゆる御手判銀事件と呼ばれる一件である。当時の藩主は相良頼峯《よりみね》である。頼峯は、元文三年（一七三八）、父長在《ながあり》の急逝の跡を受けて当主となるが、その時はまだ六歳（実年齢四歳）になったばかりの幼君であった。成人前の当主は在府が原則であり、国許の藩政は家老らによって主導されていた。

頼峯の襲封から十八年目の宝暦六年（一七五六）、財政を担当する家老万江《まえ》長右衛門を中心とした家老一派は財政改革に着手した。きっかけとなったのは、前年に領内を襲った大水害である。この洪水は、人吉城郭や石垣にも損害を与え、水害による損耗高も一万二千石に達したという。すでにこれ以前から相良家の藩財政は逼迫《ひっぱく》状態にあったが、未曾有《みぞう》の洪水被害は、藩士らの生活を壊滅的な状況に追いやることになった。その救済策としてうち出されたのが藩の公金貸付策、いわゆる「御手判銀」の貸与であった。これは藩士に対する扶助を目的とするものである。しかしその一方で貸付金の返済方式は、実質的な藩士たちの知行削減に等しいという批判が起こった。この経済政策をめぐる賛否両論は、家中を二分する動きとなり、国許では推進派の家老を支持する一派（大衆議）と、それに反対して門葉派と結びついた一派（小衆議）との対立が激化することになった。両派の対立による藩政の混乱は収拾不能な状況となり、結局藩主頼峯の帰国を待たねばならない状態にたち至った。

そのような中でこの両者の対立は、当主相良頼峯の後継者をめぐる問題にまで及ぶことになる。宝暦七年、頼峯はまだ実子がなかったため、帰国を前にして従前通り実弟の頼央《よりひさ》を仮養子に指名しようとした。仮養子とは、先に述べたようにまだ後継者が決まっていない大名が江戸を離れるに際して、万一の場合に備えて仮の後継候補を指名しておく手続きのことである。仮養子指名は、翌年大名が江戸に参府した時点で失効する性格のものであり、あくまでも「仮」であった。しかしそうは言っても、仮養子指名は後継候補の順位を明示するものであり、万一の場合には、それこそ次期当主となることを確約するものとして重要な意味をもっていた。

さて問題の頼央は、実際には頼峯の実弟である。しかし幕府への届け出の上では、頼峯の姉為姫と一門の相良頼直との間の一子とされており、公的には頼峯の甥とされていた。これは元文三年（一七

系図8【相良家略系図】

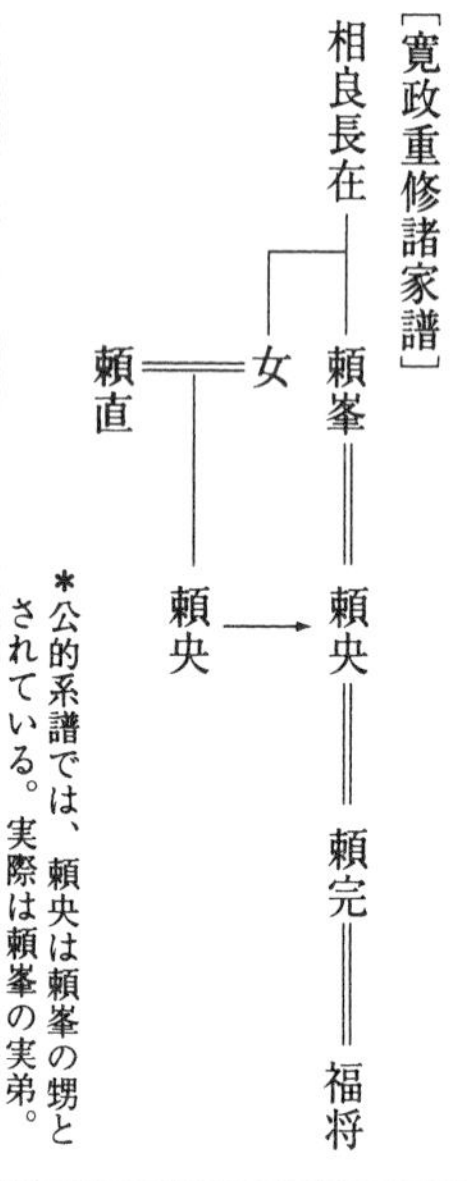

［寛政重修諸家譜］

＊公的系譜では、頼央は頼峯の甥とされている。実際は頼峯の実弟。

三八）に先代の長在が急死した際、幕府に対して、長在には頼峯の他に実の男子がいないと申し立てていたためであった。従って公的には「甥」でありながら、実は弟であり、藩主頼峯にもっとも近い血筋の男子であった。その意味では頼央の仮養子指名は、通例ならば極めて妥当なはずであった。

ところが頼央は、相良頼直と並ぶ門葉方の中核的存在であった。そのため家老たちからすれば、たとえ「可能性」の問題ではあっても、将来的に頼央が当主となるかも知れない仮養子指名は、何としてでも阻止しなければならなかった。家老の万江長右衛門らは反対派を募り、真っ向から頼央仮養子に異を唱えた。そして連判状まで提示して、当主頼峯に直訴するに至った。

しかし幕府の相続原則からすれば、血縁的正統性をもつ親族を排除して他の者を仮養子とするには、それ相応の明確な理由がなければならなかった。結局、頼峯は家老たちの強硬な反対を押し切って頼央を仮養子にたて、その上で人吉に帰城した。

両派の対立が激化する中、藩医が自殺するという事件が起こった。問題はその医者が残したという遺書である。その書き置きによれば、「志摩守《しまのかみ》（頼峯）様へ毒薬を差し上げ御失い申し、御舎弟様を御跡に立て申すの企て」があったという（『人吉市史』『球磨村誌』）。つまり藩主頼峯を毒殺して、弟頼央を擁立しようとする目論見があり、その陰謀を企んだのは、頼央を支持する小衆議の一派だというのである。家中対立がますます先鋭化する中で、頼峯は帰国と同時に吟味を開始した。その結果、頼峯は小衆議派の処分を決め、まず小衆議の中核的存在であった頼央と頼直には起請文を提出させた。その上で小衆議の首謀者たちを処罰することにより、騒動の沈静化を図った。

この処分によって家中騒動は一応の終息をみることになったが、家臣の間の対立はそう簡単に解消されるものではなかった。もともと藩主の毒殺未遂の陰謀については、藩医の遺書があったとする以外には記録らしい記録もなく、真相も不明である。従ってこの件が小衆議派の処罰とどこまで関連していたのかは知る由もないが、結果的に両派の対立は表面的には一応沈静化したものの、水面下でくすぶり続けることになったのである。

宝暦八年、相良頼峯は参勤交代のために出府するが、その途上で発病した。四月五日に江戸に到着したものの、病状快復の兆しもないまま八日後の四月十三日、頼峯は二十六歳（実は二十四歳）の若さで急死してしまった。頼峯にはまだ男子がなかったため、相良家では早急に急養子の申請をしなければならなくなった。しかしここで無視できなかったのが、前年の仮養子願書である。少なくとも、その中で頼峯は明確に弟頼央を指名しており、血縁的にもっとも正当な頼央を差し置いて、他者を養子に申請することは困難であった。結局、願書は頼央を急養子に立てることを願う内容で作成された。急養子願書は四月十三日に提出・受理され、頼峯の死亡届は翌十四日に差し出された。当時の状況からすれば、頼央を後継者として、相良家の安泰を図るより他に手段はなかったのであるが、もともと大衆議派の反発が強かった頼央であっただけに、その襲封には不穏な状況がつきまとうことになった。

頼央の横死と血統断絶

頼峯が亡くなった時、急養子に指名された頼央はまだ国許にいた。幕府から出府命令を受けた頼央は、宝暦八年（一七五八）の五月二十四日に人吉を発駕し、七月二日に江戸に入った。七月八日、頼央は「一類中御同道、御登城なられ候様に」という幕府の命令に従い、縁戚関係にあった秋月種美《たねみ》に伴われて登城し、正式に家督相続を仰せつけられた。

当主としての初入国は、翌宝暦九年（一七五九）であり、頼央は六月六日に人吉に入った。ところが帰国から二ヶ月後、頼央は人吉で急死してしまった。相良家の記録「探源記」はその頃の状況を次のように記す。

七月中旬より少々御違例、御浮腫の御気味ござなられ、しばらくご保養のため、薩摩瀬《さつまぜ》御別業へご逗留。同二十五日頃より御癪の気味ござなられ、御浮腫も御増し、御不出来の方入らせられ候。最初より御手医師ども段々御服薬転ぜられ、ご療養候えども、八月三日に至りわけて御不出来のご容体、御大切に及ばせられ候について、夜中御帰館遊ばされ、同四日より長崎御奉行坪内駿河《するがの》守《かみ》殿へ御使札をもって医師御雇いの儀仰せ遣わされ、八月十一日、ご逝去により飛札を以て差し留める。

（七月中旬より少々体調不良を訴えられ、御浮腫などもおありだったため、しばらくご静養のために薩摩瀬の別邸においでになった。同二十五日頃より、御癪がおこり、浮腫も多くなりご病状が重くなった。当初より藩医の手当を受け、薬を替えるなどいろいろと療養に手を尽くしたが、八月三日には重篤になられたため、夜中にご帰館された。翌日、長崎奉行宛に医者の派遣を要請したが、八月十一日にご他界されたので、その件は取りやめるよう手紙を送った。）

右によれば、頼央は七月半ば頃から体調を崩し、しばらく別邸（薩摩瀬）に逗留して療養していたが、病状は悪化し、ついに快復をみることなく死亡したとされている。ただしこの頼央の死去については、実は反対派による謀殺事件であったとする説がある。

公的な史料では確認できないことながら、古老の話として伝えられたところでは、七月十五日、頼央は領内の薩摩瀬屋敷に滞在中、観瀾亭《かんらんてい》という茶屋に入ったところを川向こうの竹藪《たけやぶ》から狙撃された。玉は頼央の腰に命中し、即死には至らなかったものの、頼央はこの傷がもとで、結局八月三日に死亡したという。当時、別邸近くで銃声を聞いたという噂があったが、藩当局は子どもの遊び事の竹鉄炮《たけでっぽう》（爆竹）であると取り繕い、一件を黙殺しようとした。ところが藩の大目付に対して、狙撃犯を名指しした上で真相究明を求める訴えがあった。これに対して訴人された側も、不当な言いがかりの冤罪《えんざい》であるとして、徹底調査を要求してきた。しかし藩当局側は、子どもの戯れごとの可能性があるものを、仰々しく取りあげて騒ぎ立てることはできないとし、敢えて取りあげようとはしなかった。その結果一件は、うやむやのうちに終息させられてしまうことになったのだという（相良家史料「熊風土記」）。

本件も、先の藩主毒殺の陰謀と同様に、真偽のほどはさだかでない。また藩の公的記録に、公然と残される性格のものでもなかった。しかし断片的な史料中に「その頃より町沙汰《さた》致し候」とあるところからすれば、当時から何らかの形で世間の噂になっていた一件であったことは確かであろう。

確かに相良家中の対立関係を考えれば、小衆議の中核的存在であった頼央の暗殺もありえないことではないのかも知れない。ただし何よりも明白なのは、頼央の死亡がまさしく相良本家の血筋の断絶であったことである。これ以後相良家では、数代にわたって不安定な相続を続けなければならなくなり、それも血縁的にはほとんど関係を見いだせない異姓養子によって辛うじて存続を計ることになるのである。

深刻な相続事情

秋月家からの急養子

相良頼央の死去は、公式には八月十一日として届けられた。これは実際の死亡日より八日後のことであった。この数日間のずれは、後継者確定のための時間稼ぎであった。頼央の後継者とされたのは、隣国の日向高鍋《ひゅうがたかなべ》藩秋月種美の四男晃長《あきなが》（民部）である。これは、頼央が帰国前の四月段階で、晃長を仮養子に指名していたことによるものであった。頼央が秋月家の男子を仮養子に指名したのは、先々代の長在の正室が秋月種美の姉であり、数少ない縁戚関係の一人であったからである（系図9参照）。つまり秋月晃長は、頼央にとって従弟（ただし頼央が兄頼峯の養子となっているために形式的には従弟違い）にあたる男子であった。

　すでに同姓中には後継適格者がいなかった相良家にとって、異姓

系図9【相良・秋月家関係系図】

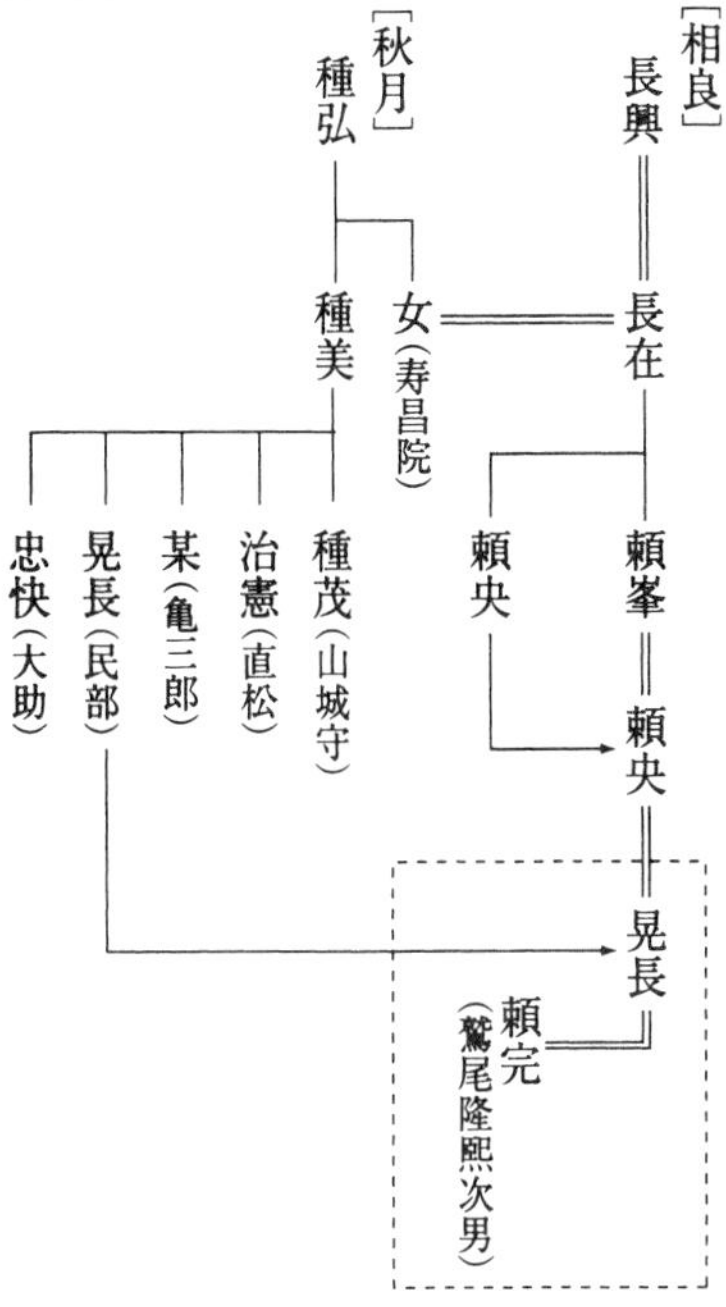

＊公的系譜では、晃長と頼完は同一人物となっている。

とはいっても隣国に所領をもつ秋月家の存在は、比較的近い家として認識されていた。

ただし当初相良家が仮養子として求めたのは、実は秋月種美の二男直松であった。ところが直松は、すでに出羽米沢《よねざわ》藩上杉家への養子話が進行中であったため、彼を仮養子に指名することはできなかった。ちなみにこの直松は宝暦十年（一七六〇）に上杉家の正式の養子として迎えられ、上杉家を相続することになる上杉治憲《はるのり》（鷹山《ようざん》）である。また三男の亀三郎は嫡出男子であったためにお控、つまり嫡子種茂《たねしげ》につぐ秋月家の後継候補として位置づけられており、こちらも指名を断られている。その結果、国許にいた種美の四男晃長を相良家の仮養子として所望することになった。秋月家としては、まだ晃長が若年であったため、その指名にはあまり乗り気ではなかったらしい。しかしあくまでも万一の用心のための仮養子ということで、相良家の申し出を受け入れることになった。

ところが今回のように当主が国許で急逝すれば、まさに仮養子願書が効力を発揮することになる。つまり頼央の仮養子に指名されていた晃長は、頼央の死去とともに相良家を引き継ぐ運命にあった。八月八日に相良家の家老万江長右衛門は、高鍋城下に赴き、秋月家に対して正式に晃長を養子として迎えたい旨を申し入れ、了承を取り付けた。急養子願書は、相良頼央の名をもって八月十日付で作成され、直ちに江戸に送付されることになる（「探源記」）。

領知肥後国球麻人吉城主

跡式願い奉る覚

相良　近江守
卯二十五歳

秋月佐渡守在所罷りあり候四男
秋月　民部
卯十一歳

養子願い奉る者

私（頼央）儀、在所において相煩い候に付、先達てお届け申し上げ候通り、随分油断なく養生仕り候えども、浮腫相増し、気意強く段々差し重り、本復仕り難き体にござ候。然《しか》るところ、いまだ男子ござなく候。これによりもし相果て候わば、当夏お暇下し置かれ在所へ罷りこし候節、願い奉り置き候通り、秋月佐渡守四男民部儀、私従弟違いの続きにござ候。この者、跡式仰せつけられ下され候様、願い奉り候。以上

宝暦九己卯年八月十日　　相良　近江守　印

堀田　相模守殿
酒井　左衛門尉殿
松平　右近将監殿
西尾　隠岐守殿
松平　右京大夫殿

仮養子に指名した秋月晃長への相続を願う頼央の願書は九月三日に幕府に提出された。また、頼央の死亡届も同じ七日に出されて、相続手続きがとられた。相良家の急養子願書を受理した幕府は、直ちに高鍋の国許にいた秋月晃長に出府を命じた。晃長は十月十五日に高鍋を出立し、人吉経由で江戸に向かい、十二月四日に江戸に入った。家督継承の認可は十二月十一日のことである。しかし晃長はまだ若年であったため、遠い縁戚にあたる豊後《ぶんご》日出《ひじ》藩の木下俊泰《としやす》が代理として登城した。そして幕府より正式の相続許可を受けた晃長は、この時点で相良家の当主として認められたのである。

ただしこの時、晃長は公式には十一歳とされていたが、実年齢はまだ八歳であった。おまけに生来病弱であったことは、相良家中にとってなおざりにできない大問題であった。何度もくり返しているように、幕府の相続原則では、当主が十七歳になるまでは養子を迎えることは認められていなかった。もし晃長が十七歳未満で死亡するようなことにでもなれば、それこそ家の断絶に結びつきかねないところである。家臣の間で「御幼君の御代、誠にもって一大事の時節なり」という危機感が表明されているのも、この状況を意識してのことであろう。病弱の幼君を抱える相良家としては、何らかの対応策を考えねばならず、家老らは万一の事態に備えて、新たなる後継候補、いわゆるお控え探しに着手した。それも当主が十七歳になるまでは養子を認めないとする相続原則を考えるならば、単なる後継者ではなくて、場合によっては当主晃長の身代わりとなりうる人選でなければならなかったのである。

事と次第によっては「身代わり」という公にできない問題を含む事柄であるだけに、その動きをたどることのできる史料は多くないが、相良家の「宝暦私記」（相良家史料）は、家臣の具体的な動きを把握できる興味深いものである。この史料をもとに、相良家の後継者探しの実情を追ってみることにしよう。

当主の身代わり探し

先にも触れたように、当時の相良家自体は、親類・遠類ともにあまり多くなかった。そのような中で家老たちがまず注目したのは、当主に迎えた晃長の弟秋月大助であった。大助は当時高鍋の国許にいたが、弟であれば兄の「身代わり」としてまさにうってつけの存在であろう。相良家の家老らは、すぐさま秋月家に対して働きかけを開始し、それとなく大助の件を打診した。しかし場合によっては、当主の身代わりという微妙な問題を含む交渉であるだけに、公然と真正面から申し入れるわけにも行かず、内々のルートを通じて画策しなければならなかった。相良家中がもっとも期待したのは、長在の妻で、秋月家の当主種美の姉にあたる寿昌院を通じた水面下の交渉であった。この姉弟間の申し入れや江戸家老同士の談合の結果、一応秋月家側の了承を取り付けることに成功した相良家では、非公式ながらも宝暦十年の段階で、この「御控」の難問には一応の見通しがたったものと考えていた。

さて、晃長はもともと眼病の持病があったようだが、宝暦十一年に入ると病状はますます悪化し、十月に至ると左目を失明し、右目もほとんど視力を失ってしまった。相良家ではさまざまに手を尽くして治療を試みたが、病状ははかばかしくなく、「御眼病ひとかたならず、御体大いに御つかれ、次第次第に頼み少なき御容態」という気がかりな事態を迎えるに至った。十一月二十六日、相良家ではついに「御容体至極御心許《おこころもと》なく」と判断し、まずは秋月家の家老に大助を養子に迎える件を申し入れた。

ところが、先の交渉によって大助「御控」の件は秋月家の了承を取り付けていたはずであったのだが、実は秋月家側ではそのように理解していないというのである。相良家が万全を期すために、寿昌院を通して秋月種美へ依頼したことも、微妙な話であっただけに双方の理解は食い違っていた。しかも宝暦十年という年は、秋月家にとっては当主の種美が隠居し、嫡子種茂に代替わりした時期でもあった。あるいは、当主交代や藩政担当者の入れ替わりなどによる混乱などがあったのかも知れない。しかしいずれにしても、大助貰い請けの件は、肝心の秋月家当主である秋月種茂の耳に達していなかったという。

思わぬ誤算に相良家では驚きと困惑を隠せなかったが、秋月家の当主の了解を得られないことには、内々での計らいなどはとうてい望むべくもなく、大助のお控えの件は断念せざるをえなかった。非公式に折衝しなければならなかったことが、このような行き違いを生じてしまったのであろう。しかし、事は身代わりの可能性をひめた微妙なお控えの問題である。万一にも幕府に問題視される事態に至れば、相良家のみならず秋月家にまで類が及ぶ可能性もあった。最悪の場合には「一家ならず、両家まで潰《つぶ》れに及ぶか、半知（領地半減）となる」ことも覚悟せねばならず、これ以上秋月家を巻き込むことはできなかったのである。

そうなると早急に次の手段を講じなければならなくなるが、簡単に代案を出せるような状況にはなかった。もちろん、身内や一族、縁戚のうちに同世代の男子があれば「入れ替え」はそれほど困難ではないかも知れない。事実、先に見た池田家の場合も一族の男子や兄弟だったからこそ、身代わりが可能であった。しかし、残念ながら当時の相良家には近い親戚筋もなく、身代わりの後継者探しは何とも「いたしにくき事」であった。その上晃長の健康状態からすれば、候補者探しはもはや一刻も猶予できない緊急の問題であり、直ちに家臣の間で善後策を検討することになった。

まず第一に、大名家に後継者を求めることについては、秋月家の場合と同様の問題があるため、これは「相成るまじく」との判断で一致した。次に旗本の子息を身代わりに貰い請けたとしても、十三、四歳にもなっていれば幕府へ召し出されている可能性があったり、また屋敷の近辺では顔を見知られている場合があったりするであろう。その意味では、すでに十歳を超えた旗本男子を身代わりに立てると、事が露見してしまう懸念があり、これも良策とは言えなかった。その結果、相良家の家臣たちは、第三の選択、つまり公家《くげ》の中からお控えを求めることで合意し、早速京都にて身代わり探しを試みることになったのである。

公家との交渉計画

では、具体的にはどのようにして京都の公家衆と交渉すればよいのだろうか。この件については、秋月大助を貰い請ける計画が失敗した段階から、すぐさま在府中の家老の菱刈《ひしかり》次郎右衛門を軸として、用人や留守居役など五名の者で極秘のうちに対応策の検討が進められた。家老らはさまざまな可能性と手段を勘案し、密書として十一月晦日《みそか》付の書状に認《したた》め、国許の人吉に送付した。

国許の家老らがこの密書を手にしたのは、十二月二十七日である。当時は、国許においても秋月大助をお控えに迎える件はすでに確約事項として受け取られていたため、不調であったという江戸からの知らせに国家老らは驚愕を隠せなかった。しかしこの上は、新たな後継者探しに全力を注ぐより他はなかった。国許でも直ちに検討を開始することになるが、事は公にできない極秘事項であり、「秘事」に関与することが許されたのは、四名の国家老の他、五名の用人、および物頭六名だけであった。

国許の見解は、翌二十八日に直ちに江戸へ返送された。片道だけでも二十日以上を要する江戸と国許の間での意見交換は容易ではなかったが、さまざまな場合を想定しながら交わされた書状によって、細部に及ぶ綿密な打ち合わせがなされることになった。この間に取り交わされた主な内容を、「宝暦私記」の記載から拾ってみよう。

まず、候補者探しを武家からではなく、京都の公家へ打診するという江戸家老たちの提案に対しては、国許でも基本的に同意を示した。相良家中が注目したのは、「京都にて藤原氏御公家の内」とあるように、藤原系の公家衆の子息であった。これは相良家が藤原氏の流れをくんでいることもさることながら、幕初の頼寛、および次代の頼喬《よりたか》と二代にわたって京都の公家鷲尾家から継室を迎えていたことによる。そのため相良家では多少とも縁のある鷲尾《わしのお》家を中心に、あるいはその縁戚である櫛笥《くしげ》家あたりを対象として、京都の様子を窺わせることにした。

また、このような主家の存亡に関わる大事を画策する以上、家老が中心となって動くことが不可欠であり、家老の上京なくして事を進めることは困難であろうと思われた。しかしその一方で、大名家の重臣が何の理由もなく京都に長期逗留することは不自然であり、場合によっては京都所司代、あるいは町奉行へ届け出が必要になるかも知れないということも懸念された。そのため、家老が京都に滞在するにあたっては、相応の理由を考えておく必要があろうとされ、例えば、①有馬温泉での湯治を口実として家老万江長右衛門を上方に赴かせる案、②春に出府予定である家老井口石見《いわみ》を、歌道を家業とする「冷泉《れいぜい》様へ御入門」を名目として京都に立ち寄らせる案、③家老東伊右衛門を北野の連歌伝授にこと寄せて上京させる案、などが出された。人吉では相談の結果、上方に派遣する家老としては井口石見が適任であろうとし、井口をもって事に当たらせることとした。そして江戸へ行く予定の井口であれば、公家の男子を貰い請けた上で、そのまま江戸へ同道させることも可能であろうとしている。ただし井口石見にこの件を委ねるとなれば、通常よりも早めに国許を出立しなければならない。しかし異例の出発は、家中の者の不審を招く可能性もあるだろう。そこで一応表向きは、「大坂表金《きん》子《す》差し引き候に付」とあるように、勘定方の所用を名目とし、勘定関係の役人数名を添えて先発させることになった。

さらに京都は狭い場所であるため、相良家の家臣が直接養子探しに動いた場合、妙な噂になってしまうことも懸念された。そのため、井口石見は大坂を拠点として相良家の大坂屋敷にとどまり、具体的な公家との折衝には仲介者をたてることになった。江戸からの提案では、僧侶の増進院の名があげられたが、人吉側の意見としては、むしろ上方商人松屋喜兵衛と医者安藤宗越が妥当であろうとした。松屋は商人として、一方宗越は医療や学問を通じて京都の公家衆とは昵懇《じっこん》の間柄であり、比較的自由に出入りできる立場にあった。このことが仲介者として適任とみられたのであろう。結局、具体的な身代わり探しは、この両名に委ねられることになった。

また相良家が求めるのは、当主の身代わりとなりうるお控の男子であったが、さすがに公然と「旦《だん》那《な》代わり」（当主の身代わり）を探すことは憚《はばか》られた。従って名目的には、あくまでも「家中の高禄《こうろく》にて男子これなき者これあり候間、婿養子」を求めているという口実で候補者探しをすることになった。つまり相良家の一門である相良織部が、跡継ぎの婿養子を探しているという触れ込みで、適齢の男子を求めることになったのである。

鷲尾家の男子

家老井口石見は、上方での後継者探しという密命を帯びて、宝暦十二年正月十二日に人吉を出立し、豊前小倉を経由して二十八日、大坂の相良屋敷に入った。そして二月四日には京都から松屋喜兵衛と安藤宗越を呼び寄せて、極秘で公家の男子貰い受けの件を依頼することになった。この時点で、大坂在番の樅木伊左衛門と最所利右衛門に対しては、今回の上方における画策の真相がうち明けられている。一方、京都へ戻った安藤宗越と松屋喜兵衛とは、早速公家の内情をあたることになるが、まもなく二人の下へは相良家がもっとも要望していた鷲尾家に年頃の男子がいるという耳寄りな情報が入ってくることになる。

先達て召し呼ばれ仰せ付けられ候ご用筋、帰京仕り、所々手寄をもって承り合わせ申し候ところ、先もって鷲尾様御家に御年御十二歳に成らせられ候御次男ござ候処、去春の頃より御寺方へ遣わし置かせられ候ところ、少々思召に御叶いなられざる儀ござ候よしにて、去秋より御殿へ御取り返し置かせられ候よし、脇方より承知仕り候

右によると、鷲尾家の当主大納言隆熙《たかひろ》には十二歳になる次男があり、先年の春頃から寺に預けられていたが、何らかの不都合があって去年の秋には屋敷に戻っているとのことであった。

この情報を得た松屋喜兵衛は、たまたま鷲尾家の近辺で出火があったことを口実として、二月七日に「御見舞い」の名目で鷲尾家を訪れ、それとなく用人川口帯刀《たてわき》に内情を問いただした。すると、この男子は五十丸《いそまる》という鷲尾隆熙の嫡出の次男だという。のみならず川口帯刀の話では、今鷲尾家では五十丸の養子先を探している最中だというのである。喜兵衛がそれとなく武家の養子口があることを匂わせると、むしろ非常に乗り気の様子を見せて、すぐさま当主鷲尾隆熙への目通りまで許された。そして直接養子の世話を依頼されることになるが、話の過程では、養子話にはつきものとなっている

支度金の件も、とくに話題にのぼることもなかった。それどころか「左様の事にお拘《こだわ》り成られず」、一刻も早く話をとりまとめたがっている様子に見受けられたという。

いささか出来過ぎたような話ではあるが、まさに相良家としては願ってもない話であった。しかも公家の男子の場合にしても、この年頃になると禁裏へ召されたり、任官の沙汰などがあったりしてもおかしくはなかった。従って「十二、三歳にござなられ候御方は、いか程密々に取り計らい候とも外ニ相知れ候」とあるように、十歳過ぎの少年を表沙汰にせずに、内密に貰い請けることはそれほど簡単ではなかったはずである。ところが五十丸の場合は、一度大坂の寺に預けられていたのを、内々に取り戻した格好であるため、むしろ鷲尾家に戻っていることは世間にも知られていなかった。

翌日、再び鷲尾家を訪れた喜兵衛は、直接五十丸に対面することになる。その第一印象は十二歳にしては比較的大きく見え、「随分美々しき御面体」であったため、喜兵衛は自分なりに「誠にもって万事好都合」と判断して、相良家に報告した。相良家側では、養子探しには早くても二、三ヶ月は必要だろうと見積もっていただけに、早々に格好の後継候補を見いだせたことは思いがけなくも喜ばしい誤算であり、しかももっとも要望していた鷲尾家の嫡出の次男であれば、異論のあろうはずもなかった。

養子話は、予定通り一門の相良織部の婿養子を貰い受ける、という形で進められた。二月十五日、家老の井口石見は上京して直接鷲尾家に赴き、改めて正式に貰い請けの話を取り決めた。この時、相良家側が鷲尾家側に念を押したことがある。それは、養子貰い請けの件をくれぐれも「御口外下されまじき旨」である。養子の一件が脇から漏れることを懸念してのことであろう。むろんこの件は鷲尾家としても望むところであり、井口石見宛に用人両名をもって「堅く他言に及ばず」との書付を差し出すことになった。このような両者合意の上に、五十丸養子の件は確定したのである。

「奇跡の快復」の真相

首尾よく後継者の確保に成功した井口石見は、何度か江戸と人吉に対して状況報告を行っているが、それと入れ違いにもたらされたのは、当主晃長の訃報《ふほう》であった。これによると、晃長の容態は悪化し、腰の浮腫は一応快方に向かったものの、眼病はいっそう重篤となり、結局「宝暦十二年二月四日午刻御逝去」とある。相良家に迎えられてからわずかに三年余り、実年齢十一歳になったばかりの死去であった。そのような中で五十丸養子一件の見通しが得られたことは、不幸中の幸いであった。

五十丸は二月晦日、鷲尾家の用人川口帯刀らに伴われて京都の松屋宅に入った。そこから井口石見らと合流し、夜半には大坂の相良屋敷に到着した。それからしばらくの間、大坂に逗留することになるが、四月朔日、改めて井口石見とともに大坂を出立して江戸に向かうことになる。この時の五十丸の名乗りは、「内田磯之進」であった。

五十丸が江戸の相良屋敷に到着したのは四月十五日夜のことであり、五十丸はそのまま当主晃長の身代わりとして位置づけられることになった。ただし「民部晃長」は、この年（宝暦十二年）に一橋家の嫡子治済《はるさだ》が民部卿《きょう》となったのを理由に、通称を民部から「長次郎」に改め、また実名も晃長から頼完《よりさだ》に改名した。従って、公式の系図の上では民部晃長は、宝暦十二年に長次郎頼完と改称したことになっているが、実は「民部晃長」と「長次郎頼完」は別人であり、身代わり相続の結果であった。

ちなみに、相良家の家史である「探源記」には次のように記載されている。

> 同年（宝暦十一年）十一月ごろより晃長公、御眼病御わずらい遊ばされ候えども、御療養、段々御快方、翌十二年二月に至りて御本復あそばされ候なり。

つまり病状の危うかった晃長は、奇跡的に快復を遂げたのだという。ただしこの正式の記述に加えて、次の注記がなされている。

> この所秘密、実はここにて民部晃長公逝かしたまう。京都鷲尾家より御継ぎありて表向き御眼病御本復という。長次郎頼完公、すなわち鷲尾氏の御子なり。

こうして相良家の当主に迎えられた五十丸は、明和二年（一七六五）二月十五日、十七歳で将軍家治への初お目見えを果たし、また同年十二月には従五位下近江守に叙任され、一人前の大名として認められた。ただしこの頼完もまた短命であり、結局身代わりから五年後、明和四年（一七六七）の正月に十九歳（実は十七歳）で病死した。

この段階で相良家は新たな相続問題に直面することになった。そして美濃苗木《なえぎ》藩の遠山源次郎（福《とみ》将《もち》）を急養子として後継者に迎えたが、福将は相良家とは実質的には無縁の養子であった。しかしこの福将もまた、二年後に二十歳で急逝してしまった。結局、相良家が安定的な藩政運営が可能となるのは、その福将の後継者として、明和六年に備前岡山藩の池田家から池田護之進（長寛《ながひろ》）が急養子として入るのを待たねばならなかったのである。

つまり宝暦九年（一七五九）の相良頼央の死去から約十年の間、相良家では秋月民部（晃長）、鷲尾磯之進（頼完）、遠山源次郎（福将）、池田護之進（長寛）とめまぐるしく当主が入れ替わった。それも相良家にとってはほとんど無縁の異姓養子ばかりであったが、中でも晃長から頼完への継承は、幕府へ届けることのできない「公辺内分」の相続であった。十八世紀後半の相良家は、このような身代わり相続を含む養子相続によって、辛うじて家の存続がはかられたのである。

公辺内分の相続事例

ここで取りあげたのは、幕府に無届けで、つまり「公辺内分」で相続を実現させたものであった。しかしこれらは、「公辺内分」相続の一部に過ぎない。他にも公辺内分の相続や、相続をめぐり幕府へ無届けであった問題は実は少なからず確認することができる。

例えば豊後臼杵藩の稲葉泰通《やすみち》には二人の男子があったが、明和五年（一七六八）に嫡子亀太郎が家督を相続した。しかし亀太郎が翌年十六歳で急死したのに伴い、臼杵藩では亀太郎の庶兄である熊次郎も身代わりにたてた。これがのちの稲葉弘通《ひろみち》である。対馬《つしま》藩宗家の十二代藩主宗義功《よしかつ》もまた、実は兄の身代わりであった。十一代藩主宗義暢《よしなが》の跡を相続した猪三郎は、天明五年（一七八五）に国許で死去した。宗家は朝鮮外交という特殊な役目を負っていたために、猪三郎は在国での家督相続が許され、まだ江戸に出府したことはなかった。そのような中で、猪三郎の身代わりとされたのは弟の富寿であり、彼は「公辺内分」で宗家の家督を継いだ。そして寛政元年（一七八九）にはじめて参府し、翌年、将軍家斉への初お目見えを果たしたのである。

また同様の事例は、文化四年（一八〇七）の播州赤穂藩《ばんしゅうあこう》における森忠哲《ただあきら》から弟の忠敬《ただよし》への相続、文政四年の陸奥《むつ》南部藩の南部利用《としもち》の場合、天保四年（一八三三）の筑後柳川藩《ちくごやながわ》における立花鑑広《あきひろ》から弟鑑備《あきのぶ》への相続は、いずれも幕府へは無届けの身代わり相続である。これらの諸例は、いずれも十七歳未満で当主が死亡したことへの対応であり、また兄弟間の入れ替えであった。

このような事例を見れば、十七歳未満の公辺内分の相続は、決して特例ではなく、むしろ十七歳未満の当主死亡に対する一つの方策であったと見ることもできるかも知れない。

第三章　養子をめぐる大名家の諸相

一　養子選択の駆け引き―摂津麻田藩と伊予宇和島藩―

摂津麻田藩の養子探し

大名が養子を選ぶにあたり、当初予定していた条件と全く異なる人物を養子とするようなことがありえるのだろうか。ここでは、そんな事例を紹介してみたい。

大名が養子を選択するにあたり、まず重視されたのは血縁である。これは幕府の相続原則でも謳《うた》われているところであり、同姓の「弟、甥《おい》、従弟《いとこ》、従弟違、又従弟」などが優先された。しかし同姓中に適格者がいなければ、婿養子や異姓養子、時としてはほとんど続柄を確認できないような無縁の者が後継者とされることもあった。しかしそうなると、具体的には何を基準として養子を選ぶのだろうか。摂津麻田《せっつあさだ》藩青木家と伊予宇和島《うわじま》藩伊達《だて》家との折衝を綴《つづ》った伊達家の史料「伊織様青木様御養子被仰合控書」を通して、養子決定に至る紆余《うよ》曲折の経緯をかいま見てみよう。

宇和島藩伊達家は、戦国大名として著名な伊達政宗の庶長子秀宗を祖とする十万石の外様大名である。一方、青木家は摂津麻田藩一万石の大名であり、養子問題が起こるまで両家は全く縁戚《えんせき》関係のない家同士であった。

十八世紀の青木家

摂津麻田藩八代目の青木一新《かずよし》が当主となったのは、宝暦四年（一七五四）のことである。六代目一《かず》都《くに》と七代目の見典《ちかつね》は、いずれも一新の兄であったが、どちらも実子にめぐまれないまま死去した。相次ぐ兄の死亡により、はからずも麻田藩の当主となった一新は、襲封当時二十八歳であった。

一新には五人の男子があったが、そのうち四人は早世している。しかし、唯一とはいえ残された長男一在《かずすみ》は健在であり、本来継嗣問題はないはずであった。一在は、明和二年（一七六五）に十七歳を迎え、将軍家治への初お目見えも果たして、順当に嫡子としての立場を固めつつあった。ところが翌年、十八歳になった一在が急死してしまったことにより、養子の件が深刻な課題として浮上してくることになる。唯一の男子であった嫡子に先立たれ、すでに三十九歳になっていた一新は、後継者探しをはじめなければならないことになった。

系図10【青木家略系図】

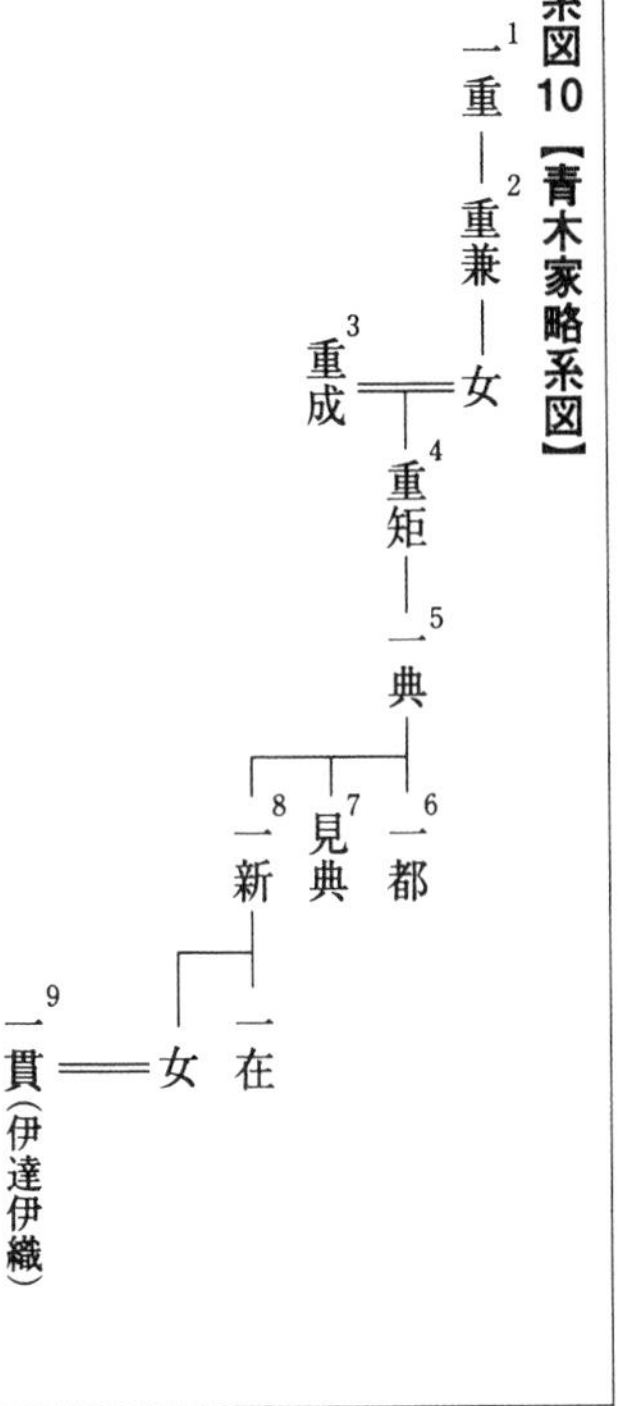

むろん、将来的には実子誕生の可能性もあったが、万一の場合を考えれば養子を考えないわけにはいかなかった。それも当時の青木家の親族を見る限りでは、適当な養子候補がいなかった。そのため青木家では男系の後継者を断念し、一人娘の婿養子候補を探すことになったのである。

さて、伊達家側に青木家の養子話が伝えられたのは、明和六年（一七六九）の七月頃のことであった。なぜ伊達家に話が持ち込まれたのか、という点は定かではない。しかし当時の伊達家の当主村候《むらとき》には、嫡子の他にも幾人かの庶子があった。従って伊達家側でも、息子たちの養子口を探していたはずであり、条件次第では養子話が成立する可能性が高いと見られていたためであろう。仲介したのは山本某なる旗本だというが、この人物に関する詳細は不明である。もっとも旗本たちが懇意の大名家に出入りして、縁談などを持ち込んでいる事例は他でも見受けられる。そのことから推測すれば、本件の場合もおそらく幕府旗本が何らかの形でかかわっていたものであろう。また青木家の養子探しの情報は、「二、三ヶ所より内々申し来る」とあるとされているところからすれば、複数のルートからも伊達家の側に伝えられていたらしい。しかし、第三者を介した情報は一貫性を欠き、養子の条件やその他についてははっきりしない部分があり、内容も錯綜《さくそう》していた。そのような中で、伊達家側は両家間での直接交渉を望み、敢えてさりげなく青木家の江戸留守居役を呼び出すことになる。当時伊達家の当主村候は、国許の宇和島に帰国中であり、実際の交渉にあたったのは、江戸留守居役の沢田源右衛門であった。

養子話の発端

さて、伊達家側の求めに応じて青木家の江戸留守居役松井助右衛門が伊達家を訪れたのは、明和六年（一七六九）の八月二十四日のことであった。青木家側にも、伊達家ならば可能性がありそうだという情報が入っており、そろそろ伊達家側の本音を確かめたいところであった。その意味では、沢田源右衛門からの呼び出しはまさに絶好の機会であり、両者の直接交渉がはじめて実現することになったのである。

まず、青木家の松井助右衛門が示した具体的な養子の条件は、養子の年齢と持参金の二点であった。青木一新の一人娘はまだ五歳の幼女であったが、青木家としては「往々《ゆくゆく》取り合わせ候心得」としているように、いずれはこの娘と娶《めあわ》せる心積もりであった。従って青木家側の要望は、五歳の娘にふさわしい男子、つまり十一、二歳くらいの少年を最適としていた。また持参金については、「三箱半御持参の御養子」としているように、三千五百両の持参金を条件として提示した。ただし、この二条件を満たす養子探しがそれほど容易でないことも、また事実であった。

松井助右衛門が語ったところによると、以前陸奥《むつ》弘前《ひろさき》藩の津軽《つがる》家からの養子話があったが、結局相互の条件が折り合わなかったため、不成立に終わったという。津軽家からの養子候補については、実名は挙げられていないが、「御二十歳余りの御方」とあるところからすれば、当主津軽信寧《のぶやす》の弟好古《よしもと》であったものと思われる。この時、津軽家では持参金として四千両を提示したらしいが、結局破談になってしまった。

その理由の第一は、養子候補の年齢である。当時好古は二十七歳になっており、五歳の娘の婿としてはどう見ても不釣り合いな相手であった。おまけに、すでに成人した養子を迎えるとなると、直ちに将軍へのお目見えをしなければならない。そしてお目見えが済めば、すぐにも大名の嫡子として幕府の諸行事や儀式への参加を求められると同時に、それに伴う挨拶や献上なども必要となる。従って、当主や嫡子の両方が「父子勤」の形で出仕することになり、その分、経費がかさむことは明白であった。

青木家が敢《あ》えて十一、二歳くらいの男子を最適とした理由は、何よりも娘との釣り合いの問題であったが、しばらくの間は「父子勤」にならなくて済むようにと、経費の節減をも意識したものだったのである。そうなると成人に達した養子を迎える場合には、四千両の持参金では不足だという。これが青木家側の言い分であり、津軽家との縁談が不成立に終わったのも、右のような思惑があったからであった。

実は当時の麻田藩の財政は、逼迫状態にあった。そのため青木家の目論見としては、養子貰い請けをめぐる当面の必要経費を五百両程度と見積もり、持参金三千五百両のうち残りの三千両は、取り敢えず藩の借財返済にあてる予定であった。そして幼年の跡継ぎが成長するまでの間に、経費節減などによって、お目見えなどに必要な支度金を補塡していこうという腹づもりであった。従って青木家と

表5　【伊達家男子一覧】（明和6年）

名	生　年	関　係*1	年　齢*2
徳風　［弁之助］	享保14(1729)	庶弟	41
一貫　［伊織］	享保18(1733)	実弟	37［37］
徳輝　［子之松］	宝暦6（1756)	庶子	14［17］
徳興　［次郎］	宝暦10(1760)	庶子	10［12］
徳元　［三郎］	宝暦12(1762)	庶子	8［11］
村寿　［兵五郎］	宝暦13(1763)	嫡子	7［9］
某　　［九十郎］	明和3（1766)	庶子	4
徳武　［十三郎］	明和5（1768)	庶子	2

注1「関係」欄は当主伊達村候との関係を示す。
注2「年齢」欄は実年齢。括弧内は届け出年齢を示す。
（『寛政重修諸家譜』、『記録書抜・伊達家御歴代事記1.2』より作成）

すれば、持参金の多寡は、藩の財政に直接かかわる大問題であり、譲ることのできない重要な条件だったのである。

青木家側が要望する二条件に対して、伊達家の沢田源右衛門の対応はむしろ否定的であった。たしかに表5に見る通り、伊達村候には嫡子村寿《むらなが》の他に十四歳から二歳までの庶出男子が五名あり、年齢的に青木家の要望通りの適齢の男子がいたことは事実であった。しかし、問題は三千五百両という持参金であり、伊達家では三箱半の持参金を準備することはできないとした。その訳は、伊達家には男子が多いため、一人分の持参金を「三箱」と考えていたからである。養子を出すにあたって、一人だけを特別扱いすることはできず、もし一人に高額の持参金を持たせてやれば、他の子を養子に出す時にも、やはり同額の持参金をつけざるを得なくなる。従ってこの時点で確約できるのは「三箱」が限度であり、「三箱半」の条件を受け入れることはできないとしたのである。このような交渉過程を見るならば、両家の主張の隔たりは大きく、歩み寄りは困難であろう。普通ならば、養子話はここで終わるはずであった。

ところが、そのような中で伊達家の沢田源右衛門が尋ねたのは、青木一新が何歳なのかという点と、近々隠居する予定で養子を求めているのか、という二点であった。助右衛門が、当時青木一新が四十二歳になっていること、また養子次第では、遠からず隠居する可能性もあることを伝えると、伊達家側は、唐突に当主村候の実弟伊達伊織《いおり》の件を持ち出したのである。

新たなる養子候補

伊織とは、「三十歳余り」になる村候の実の弟であった。伊織に対しては、これまでにも彦根藩井伊家をはじめ、何度か養子話が持ち込まれたことがあった。しかし縁談はいずれも不調に終わり、伊織はまだ部屋住のまま宇和島に在住していた。伊織は嫡出の次男であり、兄村候に嫡子が誕生するまでは、いわゆるお控えの立場に置かれていた。しかしすでに村候に数名の男子が誕生している以上、もはや伊織に伊達家の家督がまわってくることはなくなっていた。従ってこのままでは、伊織が部屋住のまま終わる公算は大きく、伊達の身が立つようにするためには、何とか養子口を探さなければならなかった。しかしこの時まで、適当な養子先を得ることができず、伊織は三十七歳を迎えていた。伊達家とすれば、家柄や石高などの条件はさておき、ともかくも伊織の養子先を確保したいというのが、本音であったものと思われる。

その意味では、青木家の養子話は伊達家にとってまさしく願ってもない好機であった。むろん、伊織が年齢的に五歳の娘に不相応であることは承知の上であった。しかし持参金問題が青木家の婿養子話の障害になっていることを察した伊達家では、敢えて伊織の件を持ちかけ、青木家側の反応を探ったのである。

もちろん、三十歳以上も開きのある伊織を幼女の婿とすることは、年齢的に無理があった。従って青木家を説得するには、血統の維持に対する配慮をしなければならなかった。そして血筋の問題ならば、さまざまな可能性がありうることを強調することになる。例えば、伊織を一新の養子とした後に、青木家の血をひく男子が誕生した場合には、その子を伊織の養子にするという方法（順養子）、あるいは五歳の娘を取り敢えず伊織の養女とし、その上で改めて婿養子をとる方法などである。さらに青木家が拘《こだわ》りを見せた持参金についても、伊織が村候の唯一の実弟であることをもって「三箱半」の持参金を確約したのである。史料上では確認できないが、以前四箱を提示した津軽家との縁談が不成立であったことからすれば、おそらくこの時点で「五箱」までの可能性を非公式に示唆していたものと推測される。

この提言は、「全く拙者一存、誠に只今《ただいま》存じ付き候」とあるように、あくまでも源右衛門の個人的な思いつきとして示された。しかし前後の状況から考えあわせれば、伊織の養子問題は決して江戸留守居役の一存で進められる話ではない。むしろこの日の両家間の交渉過程を見ると、伊達家側では周到に準備を重ねた上で、はじめから伊織の件を打診するつもりで青木家の留守居役を呼び出したのではないかとさえ思われる。伊達家側の言い分によれば、直接交渉を望む理由として、養子条件をめぐる情報が錯綜していたからだという。しかしこれは単なる口実であり、真の目的は、伊織の件を直接青木家側に打診し、その可能性を探ることであったに違いない。いずれにしても、伊達家が伊織の養子問題について、極めて積極的であったことは明白である。

伊達家側からの思いもよらぬ提言に、青木家側は困惑の色を隠せなかった。十一、二歳の男子を貰い請けるための交渉のはずが、いつの間にか三十歳過ぎの養子の話にすりかわってしまうとは、予想すらできなかったことであろう。もちろんこの件は、江戸留守居役の権限をもって即答できる内容ではなかった。そこで松井助右衛門は取り敢えず伊織の件を青木家に持ち帰り、当主青木一新をはじめ家老らに計ることを約束した。しかしその一方で、伊達家に対しては村候の庶子につけられる持参金について、「三箱半」がどうしても無理な額なのかどうかを、再確認してくれるように求めた。青木家側としては、本来の養子の条件を崩したくなかったのは当然であろう。

八月二十四日における両家留守居役の間の直接交渉は、以上のような内容であった。その結果、青木家側では伊達伊織を養子とする件について検討することとし、また伊達家側では村候の庶子に対する持参金額の件をもう一度確認することとなったのである。

養子条件の折り合い

両家の間で、伊達伊織の名前がはじめて具体的にあがったのは、右に見るとおり八月二十四日であった。少なくとも青木家にとって、伊織の件は全く予期せぬ提言であった。

九月八日に至り、青木家の松井助右衛門は再び伊達家を訪れ、沢田源右衛門に面談して当主青木一新の意向を伝えた。その内容は、伊織を養子とする件は「幸いの事」であるものの、伊織は養子の候補外であるというものであった。その理由は、「只今まで代々血筋にて相続致し来る」としているように、青木家はこれまで血筋を重視して家を存続させてきているため、養子はあくまで幼い娘の婿としてふさわしい人物が第一条件である、とのことであった。確かに青木家では幕初の一重《かずしげ》以来、八代目の一新までの間に、弟を含めると養子が三名入っていた。しかし血縁のない養子は、三代目の重成だけである。しかもこの重成の場合も、青木家の娘の婿養子として迎えられたものであり、一応娘によって血筋が維持されてきた。その意味では、婿養子の形をとることができない縁組に対しては、どうしても抵抗があったのであろう。つまり青木家側は、年齢的に五歳の娘と不釣り合いである伊織を養子に迎えることはできないとした。そして青木家側の所望は、あくまでも持参金三箱半以上の村候の息子であることを繰り返すことになった。

これに対する伊達家の沢田源右衛門の反応は、次の通りであった。まず、青木家が伊織の養子話を断ったことについてはやむを得ない判断であり、この上強引に伊織を押すことはできないとして、この件の取り下げを了承した。また、村候の庶子の持参金について三箱半が可能かどうかという件は、最終的には、当主村候の判断を仰がなければ返答できないが、なにぶんにも村候は帰国中であり、その返答を得るには五、六十日を要することになるだろう、と返答している。のみならず養子取組をめぐる問題は、本来当主の了解が前提となるものであるため、これまでの留守居役間の話し合いも「相談」ではなく、単なる「内談」に過ぎないとするなど、何ともそっけない返答ぶりであった。これは事実上、伊織の件が無理であるならば、伊達家としては今回の養子話を受けるつもりはないことを暗に伝えたものであろう。

この両者の主張を見る限り、もはや歩み寄りの余地はなかった。従って順当に考えるならば、これで両家間の養子話は打ち切りとなるはずであった。

ところが四日後の九月十一日、事態は一変することになる。

養子交渉の展開

もう一人の「娘」

この日、伊達家を訪れた松井助右衛門は、伊織の件について次のような思いがけない話を持ちかけてきた。興味深い史料なので、そのまま通釈してみよう。

まだ部屋住として国許にいた頃、当主一新には娘が一人ありました。先代の兄見典が亡くなったため、はからずも一新が跡を継ぐことになりました。その節、右の娘については、家来の青木忠右衛門の養女とし、現在に至っています。この娘を取り戻して一新の娘とし、その上で伊織様を婿養子にお迎えすることにすれば、先日申し上げた一新の思いも叶《かな》い、その上家臣に預けておいた娘の立場も回復させることができるでしょう。

右によると、実は当主一新にはもう一人実の娘（お薗《その》）があるのだという。その娘は一新がまだ部屋住の頃に儲《もう》けた娘であった。しかし突然の一新の襲封により、彼女は家臣の青木忠右衛門の養女として預けられた。そしてそのまま忠右衛門の娘として育てられ、在所の麻田で成長した。しかし一新の実の娘に相違はないので、この際、お薗を一新の実の娘として取り戻し、彼女の婿養子として伊織を迎えることにすれば、青木家がこだわっていた血筋の問題を解消することができる。そればかりでなく、お薗に対しても一新の娘という本来の立場を回復させられる好機になる、というのである。いわば思いもよらなかった「娘」の出現で、すでに打ち切りとなったはずの伊織の養子話が復活することになった。

ただしこれには条件があり、青木家側は持参金の上乗せを要望してきた。先にも指摘した通り、伊織を婿養子に迎えた場合、直ちに当主と嫡子の「父子勤」が求められることは明白であり、「物入り」の増加は必至であった。そのため、青木家では御普請料（持参金）の他に、年々の台所料の援助を要請した。あわせてこの条件が受け入れられなければ、国許の家老たちの賛同が得られないため、養子話も打ち切りにせざるを得ないとした。詳細は不明だが、今回の養子問題が青木家の藩財政と密接に結びついていることは、留守居役の助右衛門の言葉からも明白であり、家臣側にもさまざまな思惑と駆け引きがあったものであろう。

この青木家の提案に対して、今度は伊達家側が困惑する番であった。持参金としては、五千両までは可能だとしながらも、年々の台所料についてはは予想外の申し入れであったらしい。しかし伊達家としても自ら望んだ養子話であるだけに、この件は是非とも実現させたかったものと思われる。ことに思いがけない「娘」の出現によって、もっとも大きな障害になっていたはずの血筋と年齢の問題が解決され、伊織の養子話の成立に可能性が出てきたからには、何とかこの縁談を「取り外《はず》し申さざるように」というのが伊達家側の本音でもあり、両家の歩み寄りを期待するものであった。その意味では、この九月十一日は、伊織の養子問題における大きな転機であった。そしてこの日を境に、両家の折衝は縁談の成立を目指して具体的な問題にまで及ぶことになったのである。

持参金をめぐる交渉

当初の条件からすれば、伊織の養子は論外のはずであった。しかし、予想外の可能性が出てきたことにより、両家の交渉は急速に進展した。もっとも伊達家の当主伊達村候が帰国中であったため、江戸での打ち合わせはあくまでも「下交渉」の域を出るものではなかった。しかし最終的に当主の了解を得るためにも、できるだけ両家間の意思の疎通を図り、相互の合意を取り付けながら、具体化させせておく必要があった。

とくに話し合いを必要としたのは、持参金および台所料をめぐる取り決めであった。青木家は、伊織を養子に迎えるにあたって次のような試算を示した。先にもふれたように、幼少の養子を迎える場合の持参金は「三箱半」としていたのは、まず三箱分、つまり三千両を借財の返済分とし、残り五百両を当面の諸経費に充てる予定であった。しかしこれはまだ幕府への出仕が認められない幼年の養子の場合であり、成人男子であれば、当座の費用としてさらに二千両が必要だという。具体的には、在所にいる娘の出府、養子の迎え入れ、婚礼、将軍への初お目見え、五節句や月例行事への出仕などにかかる諸経費である。確かに他藩の事例でも、一万五千石の小藩が将軍の初お目見えの費用として千五百両を見積もっている事例があり、その点からすれば、青木家側の主張もあながち不当ではなかろう。ともあれ持参金の増額が青木家側の要望であり、持参金五箱については伊達家側も了承するところであった。しかし、問題は毎年の台所料である。

また幼い養子であれば当主夫妻との同居も困難ではなかったが、成人した養子夫婦ではそれもままならない。従って青木家側は、成人養子を迎えることによって増大する諸経費を勘案し、その一部負担を伊達家側に求めたのである。

ただし青木家側は、当初、台所料についてはあまり具体的な数値を示さなかった。そしてあくまでも留守居役の「内存」として提示されたのは、予測される奥向き諸経費千七百石のうちの二分の一ほどを伊達家側に負担して欲しいというものであった。しかし毎年の負担額として、「八百五十石」というのは伊達家にとっても高額すぎた。もともと伊達家には、台所料を養子の里方が負担すること自体、不自然だとする判断があった。しかし台所料の負担を納得できないからといって、せっかくここまでこぎつけた養子話を打ち切ることなど、なおさらできなかった。そこで取りあえず台所料の減額を求めると同時に、さらに援助期間も「御一生」ではなく、伊織が青木家を相続し、当主となるまでの間とすることなどを要望した。

この台所料をめぐる折衝が、当面の話し合いの主要部分を占めていた。そして九月十七日の面談においては、取り敢えずは「持参金五箱」の他に、毎年の援助として「台所料五百石、衣装代百五十両」、その期間を「御一生」、という形で宇和島にいる伊達村候に打診することとなった。そしてこの段階で、江戸における両家間の交渉は一段落し、宇和島からの返答を待つことになった。

養子手続きと年齢操作

養子取組をめぐる伊達家・青木家間の交渉が再開されるのは、約二ヶ月後の十一月十五日であった。この日、伊達家を訪れた青木家の村井助右衛門に対して留守居役の沢田源右衛門は、「御婿養子御所望」を当主村候が正式に承諾したことを伝えた。ただし、江戸から提示された「持参金・台所料・衣装代」のうち、持参金と衣装代については了承したものの、毎年の台所料五百石の負担は伊達家にとっても過重負担であるとして、三百石への減額を要望した。台所料をめぐってはなお折衝が重ねられ、五百石を求める青木家と、三百石を限度とする伊達家との間で妥協点が探られたが、結局四百石という折衷案が出されることになる。これに対して、青木家の家老の間にはなお不満もあったらしい。しかし当主青木一新の決断によって、四百石の台所料を受け入れることになり、ようやく両家は合意に達したのである。

さて、伊達伊織の養子の件が確定した段階で、改めて青木家から持ちかけられた相談は、伊織の年齢の件であった。青木家では四十二歳の一新に三十代の養子を迎えるにあたり、養父と養子との年齢差が少ないことを懸念し、伊織の年齢をもう少し若く届けられないかと提案してきたのである。実は、伊達家ではこれまで青木家との折衝の中で、伊織の年齢を「三十四歳」としていた。しかし、実は伊織はすでに三十七歳になっていた。

そもそも青木家の当初の要望は、十代の若い男子であった。従って当主の一新とほとんど年齢差のない養子では、話を切り出すことさえ困難であったものと思われる。そんな青木家に対して、多少とも養子話を円滑に進めるために、三歳ほど年齢を若く取り繕っていたのであろう。ところが、そんな事情を知らない青木家側では、なお養父子間の年齢差が少なすぎることに配慮して、表向きだけでも伊織の年齢をもっと若く届けることで体裁を整えたい、という相談になったのである。

実は伊織については、すでに幕府に対して丈夫届が出されていた。それも実年齢通りに届けていたため、養子願書提出にあたっていまさら年齢を引き下げることはできなかったのである。伊達家ではすぐさま先例にあたり、七歳違いで養子が認められている例があることを確認した。さらに念のため、老中松平武元《たけちか》や側用人田沼意次《おきつぐ》にこの件を確認したところ、養父・養子の年齢差が少ないことは差し支えなく、むしろ過去の届け出年齢と矛盾することの方が問題である、との返答を得た。つまり丈夫届の年齢のことを考えれば、もはや伊織の「三十七歳」を操作することはできなかったのである。青木家側もこの件を納得し、結果的には養父一新四十二歳、養子伊織三十七歳という五歳違いの形で、願書を作成することになった。

ただし青木家では、なおも年齢へのこだわりがあったらしく、伊織と娶せる娘お薗の年齢の方を操作することになった。伊達家へ伝えてきたところによると、「御息女御生年御十八」とあるようにお薗の実年齢は十八歳であったが、公式には「御二十四」として届けたという。伊織との釣り合いを考えてのことであろう。ともあれ、お薗の方は、実年齢よりも六歳年上に扱われることになったのである。

青木家の婿養子

養子願書の提出

このような準備段階を経た上で、十二月一日に両者は正式の使者を交換することになった。青木家から婿養子「所望」の使者として伊達家の屋敷を訪れたのは、家老の野木丹下、および留守居役の松井助右衛門であった。一方、「受諾」の使者は、伊達家家老の梶田又兵衛と留守居役の沢田源右衛門がつとめている。正規の使者が取り交わされたことにより、養子の件は一応の内約成立のはこびとなった。ついで十二月七日、幕府に対する養子願書は、青木家と縁戚関係にあった大名谷衛秀《もりひで》を通して老中に提出された。

婿養子願い奉り候覚

高一万石　　在所摂津麻田

青木　美濃守

丑《うし》四十二歳

婿養子願い奉り候者　　伊達遠江守弟

伊達　伊織

丑三十七歳

私儀、嫡子左近病死仕《つかまつ》り候後、男子ござなく候。先年在所に罷りあり候部屋住の節、妾腹《しょうふく》出生の娘ござ候に付、続きはござなく候えども、伊達遠江守弟伊織義、養子仕りたく存じ奉り候。もっとも同姓・異姓親類遠類の内相応の者ござなく候。右の者、婿養子仰せつけられ下され候よう願い奉り候。以上

明和六己《つちのと》丑年十二月　　青木美濃守　印　御判

松平左近将監殿
松平右京大夫殿
松平　周防守殿
板倉　佐渡守殿

（私青木一新は、嫡子一在を失って以後、跡継ぎの男子がおりません。以前、在所におりました時に儲けた妾腹の娘がありますので、直接の続きはありませんが、伊達村侯の弟伊織を養子に迎えたいと考えております。同姓・異姓の親類や遠類の中には、相応の者がおりません。右の者を、婿養子に迎えますことを仰せ付け下さいますようお願い申し上げます。以上）

この願書とともに提出されたのは、親類を書き上げた「続書」、一族を記載した「遠続書」および先例にあたる「例書」であり、いずれも無事に受理された。

この中で是非確認しておきたいのは、「続書」の記載によると、一新の「娘」が一人しか確認できないことである。しかも「娘」には「この者に婿養子願い奉り候」との注記があるところをみると、これは紛れもなくお薗のことであった。従って、はじめ婿を迎える予定であったはずの五歳の幼女についてては全く記載されていない。少なくとも、幕府へ届けられた公式の記録では、一新の幼い娘の存在を窺《うかが》うことができないのである。

なぜ、五歳の娘の記載を避けたのか、理由は不明である。これまで家臣の娘としてきたお薗を「娘」とし、彼女に婿を迎えるにあたって、それまで唯一の姫君であった五歳の娘の存在をそのまま届けることは、かえって相続上の混乱を招くという懸念があったのかも知れない。あるいはいずれ、幼い娘を伊織とお薗の間の娘として届けるつもりだったのだろうか。いずれにせよ、お薗は婿を迎えるべき「一人娘」として位置づけられたのである。

ところで、養父子関係の成立は、願書が受理されただけでは不足であり、幕府からの「仰付」がなされてはじめて正式に認可される。願書を受理した幕府は、まだ宇和島の国許にいた伊達伊織に対して、直ちに出府を求めることになる。この幕府命令は、青木家経由で伊達家に伝えられ、十二月二十一日に宇和島へ届けられた。この幕命に従って、伊織は翌年の正月十五日、宇和島を出立し、二月二十日に江戸に入った。また青木一新の娘お薗も在所から呼び寄せられ、正月二十四日、伊織に先立って江戸に到着していた。

二月二十日に江戸の伊達屋敷に入った伊達伊織は、翌日、青木家を訪問して当主青木一新との対面を果たした。これが養子伊織と養父一新との初対面であった。伊織出府の報告を受けた幕府は、青木一新と伊織に揃って登城するように命じた。しかし当時一新は病中であったため、一新の縁戚であった豊後森藩の久留島通祐《みちすけ》が名代を依頼された。二月二十二日、伊達伊織は久留島通祐とともに登城し、幕府より正式の認可を受け、この時点で婿養子として公認された。青木一新の跡継ぎとなった伊織は、三月朔日に伊達家から青木家に引き移り、ついで三月十五日には、将軍家治への初お目見えを済ませることになる。

こうして養子取組の手続きは完了するが、その年の七月二十六日、一新は隠居し、一貫《かずつら》と名を改めた伊織に家督を譲った。正式に伊織を養子に迎えてから、六ヶ月後のことである。一新の隠居は、予定よりも早かった。当初は、十一、二歳の少年を養子とする目論見であり、まだしばらく当主の座にいるつもりであったものと思われるが、早々に隠居したのは、健康上の問題もさることながら、伊達家と伊織への配慮であろう。ともあれ養子問題が浮上してからほぼ一年後、伊織は青木家を引き継ぐことになったのである。

養子話の成立の背景

この伊達・青木両家における養子をめぐる数ヶ月の交渉を振り返ってみると、当初の青木家の養子条件からすれば、伊達伊織は論外の養子候補以外の何ものでもなかった。それにもかかわらず、結果的に伊織養子の件が実現することになったのは、何よりも伊達家の積極的な働きかけが功を奏したものであった。村候の庶子に対しては持参金三箱を限度としながらも、実弟の伊織については五箱を保証していること、また台所料についても青木家側の要請を可能な限り受け入れていることなどは、その現れであろう。

一方青木家としても、婿養子の確保を急ぐ必要があった。嫡子に先立たれ、すでに四十歳を超えた一新とすれば、自らの健康上の問題もあり、遠からず後継者を確定する必要に迫られていた。しかも財政逼迫の折から、養子の持参金を藩財政の補塡としなければならなかった青木家としては、結局、養子の年齢については妥協せざるをえなかった。それにしても、伊達家との縁を結ぶために、年頃の娘を登場させ、養子話を実現させていることを考えると、青木家にとって財政再建問題がいかに差し迫った課題であったのかを、改めて痛感させられるところであろう。

しかし両家の養子をめぐる思惑の中で、もっとも翻弄《ほんろう》されたのは、青木家の「娘」たちだったのではなかろうか。お薗は、もともと青木一新の実の娘であったとしても、この養子話の過程で、突如家臣の娘から当主の姫君にすげ替えられて跡取り娘に位置づけられ、年齢も十八歳から二十四歳とされるなど、数奇な運命をたどらされることになった。そしてまたお薗と対照的なのが、当初婿を迎えるはずであった五歳の娘である。彼女については、すでに養子願書に添付された「続書」からも削除されており、その後の消息も定かではない。あるいは一貫（伊織）の娘として位置づけられた可能性もあるが、少なくとも一新の実の娘として位置づけられることはなく、公的系譜の上から彼女の行方を確認することはできない。早世したのであろうか。この点については不明である。

いずれにせよ、持参金と年齢をめぐる両家の駆け引きは、伊織（一貫）が青木家に入ったことによって一段落することになったのである。

二　仮養子問題と年齢操作──萩藩毛利家の相続事情──

仮養子と相続

次に相続と関連した年齢操作の実態について、長門《なが と》萩藩《はぎ》毛利家の事例から取りあげてみよう。第二章でとりあげた備中鴨方《かもがた》池田家の男子の場合は、結果的とはいえ、八歳もの年齢水増しを行う形になった事例であるが、萩藩では、逆に数歳年少に届けている事例を確認できる。

もともと届け出に際して実年齢よりも数歳上乗せをするのは、大部分が十七歳未満の当主死亡に対して相続を認めないとする幕府の相続原則に起因するものであった。若年相続そのものを嫌い、多少とも家の断絶の危険を回避しようとして、はじめから数歳年長に届けることが多かったのである。ところが、十九世紀前半の毛利家では、三代続けて実年齢より公的年齢の方が低くなっている事例がある。幕初の秀就《ひでなり》から数えて十一代目にあたる斉元《なりもと》、十二代目斉広《なりとう》、十三代目敬親《たかちか》の三代である。なぜわざわざ実年齢よりも年下に、幕府へ届けたのであろうか。そのようなことをすれば、十七歳による絶家の危険性を抱え込むことになるのは明らかである。それにもかかわらず、敢えて年少に届けたのは、それなりの理由あってのことであろう。この年齢操作の意味を、当時の毛利家の相続をめぐる事情と関連させながら、毛利家の史料『毛利十一代史』及び「弾正様御仮養子事」、「弾正様斉元公御婿養子一件」、「保三郎様御丈夫届御順養子御願一巻」などを手がかりに考えてみよう。

仮養子徳丸の死去

毛利秀就より十代目にあたる斉熙《なりひろ》は、文化十一年（一八一四）の四月、六歳の徳丸を仮養子として国許の萩へ帰国した。先に示した通り、仮養子とは、後継者が確定していない大名や旗本が、江戸を離れるに際して、不測の事態に備えて仮の後継候補を指名しておく制度のことである。

斉熙は、五年前の文化六年に急死した兄斉房《なりふさ》の跡を継いで毛利家の当主となった。仮養子に指名した徳丸は、実は兄の遺児であり、斉房の死後に誕生した男子であった。従って徳丸は、本来の血統からすれば、家督継承の資格をもつ男子である。通例、このような場合は、順養子手続きがとられた。順養子とは、先代藩主の血をひく男子を自らの養子とし、後継者とすることである。この場合であれば、兄斉房の跡を継いだ弟の斉熙が、甥にあたる徳丸を養嗣子とし、将来毛利家を継ぐ男子として確定することであった。ただし、徳丸がまだ幼かったためであろう、この時点ではまだ正式には順養子手続きはとられておらず、徳丸は斉熙の義弟として扱われていた。しかし血筋の上では、後継候補として徳丸に勝る者はなく、斉熙は徳丸を仮養子に指名して帰国したのである。

ところがその徳丸は、文化十一年十月二日に江戸で急死してしまった。当時萩に帰国中であった当

系図11【毛利家関係系図】

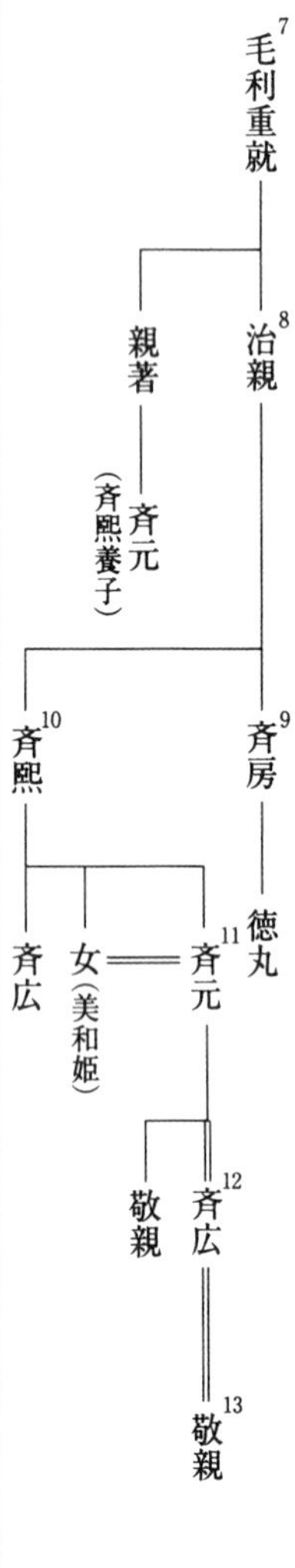

主斉熙は、まだ次の参府までになお数ヶ月を残しており、万一の場合にそなえて新しい仮養子を選んで、幕府に「願い替え」をしなければならなくなった。

実はこの時、斉熙には庶出の実子が誕生していた。五ヶ月前に生まれた斉広（保三郎）である。しかしこの段階で、斉熙はまだ実子斉広の誕生を幕府に届けていなかった。そのため、公的には実の男子はいない形となっていた。そうはいっても、この時の斉広の「丈夫届」を提出して、実子の存在を公にすれば、敢えて仮養子を選び直す必要はないはずであった。しかし毛利家では、斉広の出生を幕府に届けることをためらった。その最大の理由は、斉広がまだ幼年であったことである。この件について、国許から江戸に送付された書状に示された毛利家の見解は、要約するとほぼ次のようなものであった。

徳丸様が亡くなられたというお知らせに、殿様（斉熙）もこの上なく残念に思われておいでです。この件について、差し当たって必要なのは、徳丸様にかわる仮養子の件です。

正論からすれば、ご幼年とは申せ、斉広（保三郎）様がお生まれになっていますから、多少年齢を水増しして丈夫届を提出し、御実子として披露するのが本来の筋だと思われます。ただしそれでは、御家の行く末を生まれたばかりのお子様に託すことになりますので、斉広様の件を幕府へお届けすることは、かえって不本意な結果を招きかねません。

御先祖様からの御訓戒もあり、殿様には御家第一に御深慮を重ねられた結果、斉広様とは別に仮養子候補を模索するようにとの思し召しを示されました。従って、今回は斉広様の丈夫届は見送られるとのことでございます。

右にあるように、斉広については多少年齢を水増しして、丈夫届を提出することも可能であった。しかし年齢操作には限度があり、生まれたばかりの男子であれば、数歳が限度であろう。その上、正式に斉広の丈夫届を幕府に出すことは、斉広を後継候補の第一位に位置づけることを意味していた。そうなれば、嫡出男子が誕生した場合か、よほど斉広の身に重大な支障でもない限りは、斉広以外の別人を跡継ぎにすることはできなくなる。従って、万一にも当主斉煕の身に不測の事態が起これば、必然的に幼い斉広に家督が委ねられることになる。幼い斉広が相続すること自体はともかくも、問題はその後であり、斉広が若くして亡くなるようなことにでもなると、それこそ家の存続に関わる重大局面を迎えることになりかねない。その意味では、幕府が相続上で十七歳の年齢的制約をもうけている以上、この時点で斉広の存在を公表することは、万一の場合、御家の断絶の危惧を抱え込むに等しかったのである。

もちろん、実際には将軍の「思召」によって、何らかの救済措置がとられる可能性は高く、ことに名門の毛利家が直ちに取り潰されるような事態はまず考えられない。しかしたとえ絶家の可能性は薄いとしても、幕府の「御大法」の規定は重く、幼年相続に関する危機意識は深刻であった。万が一の場合を想定すれば、できるだけ幼年相続を回避したいという思いはどの大名家にも共通するところだったのである。

ことに毛利斉熙は、二年前に生まれたばかりの長男俊太郎を失っていた。それに加えて、今度は兄の遺児徳丸六歳の死去である。相次ぐ身内の幼年死亡を目の当たりにしている斉熙が、まだ五ヶ月にしかなっていない斉広を跡継ぎとすることにためらいを覚えたのは、むしろ当然であろう。結局、毛利家ではこの段階で実子斉広の存在を公にすることを断念した。少なくともこの時、斉熙は血縁的正統性よりも家の安泰を優先させ、改めて別の仮養子を模索する道を選んだのである。

仮養子の願い替え―斉元の指名―

そこで浮上したのが、斉熙の従弟にあたる斉元であった。年齢的にも当時二十一歳の斉元は適齢であり、恰好《かっこう》の仮養子候補であった。しかし、斉元にも問題がなかったわけではない。それは、斉元がすでに毛利家の家老福原家の養子になっていたことである。果たして家老の養子となっている男子を、当主の仮養子に指名することが可能なのだろうか。

この時、毛利家ではこの問題を幕府に確認した。すなわち幕府の奥祐筆奥嶋定右衛門を通して、将来家老の家を継承する立場にある斉元を、仮養子とすることの可否について問い合わせたのである。その結果は、「家老の養子に遣わし置き候者にては、一人を両様の養子に当たり候に付、御願い相ならざる趣にござ候」であった。すでに家老の養子に遣わした男子を仮養子に指名することは、一人を二通りの養子にすることを意味しており、その手続きはできないとするものであった。つまり、一人の男子に家老の養子と毛利家仮養子という二重の立場を与えられないのが筋だというのである。

しかし同時に、定右衛門は一つの抜け道を示唆した。それは、福原家の養子になっていることを伏せたまま、仮養子に申請するという方法である。要は「表向きは福原殿養子に致されず姿にて」、あくまでも斉熙の従弟ということであれば、斉元の仮養子指名は可能だと助言したのである。

ところがこれは、毛利家内部の家臣間の関係からすると逆に問題があった。斉元が福原家の養子となったのは、享和三年（一八〇三）のことであったが、そもそもこの養子取組に対しては毛利家中には反対があった。それは本家の当主の兄弟（連枝）を養子にできるのは、毛利一門の家老六家に限られるという慣例があったためである。その時、斉元の福原家養子の件が認められたのは、斉元が当主の弟本人ではなく、その息子であるという点が強調されたからであった。いわばもともと批判のあった養子取組を、一部の異論を抑えて成立させていたという経緯があったのである。以前から福原家への養子取組自体が問題視されていたことに加えて、今回、福原家との縁を残したまま、斉元を本家当主の仮養子に指名すれば、それこそ家中の批判を再燃させることは必至であった。

毛利家内部の問題を考えれば、斉元を仮養子に指名するためには、まず斉元と福原家との縁組の解消が不可欠であった。そのため、斉元はこの時点で福原家から毛利本家に呼び戻され、その上で仮養子申請がなされることになった。十月に斉熙が提出した仮養子の願い替えは、次の通りである（「弾正様御仮養子事」）。

私（斉熙）儀、当四月中御暇仰せつけられ帰国致し候節、いまだ男子ござ無きに付、当分養子に願い奉りおき候養い方弟徳丸儀、当月七日、病死仕り候。これにより私儀、在国中自然死去仕り候わば、実父大膳大夫（治親《はるちか》）実弟毛利定二郎（親著《ちかあき》）倅《せがれ》弾正（斉元）と申者、当年二十歳に罷りなり、実方従弟に付、この者へ家督相違なく仰せつけ下され候よう願い奉り候。来年参府致し候節、この書付御返し下され候。そのためかくの如くにござ候。恐惶謹言《きょうこう》

（私斉熙は、今年の四月に帰国を許可されました折り、まだ跡継ぎの男子がいませんでしたので、義弟の徳丸を当分養子にお願いしておりましたが、徳丸が今月の七日に病死致しました。そのため、万一にも帰国中に私が死亡するようなことがありましたら、従弟の斉元に相続をお許し下さいますようお願い申し上げます。この者は私の従弟で、父治親の実弟、親著の息子であり、今年二十歳になる者です。この書付は、来年参府致した折にご返却下さるようお願い致します。）

願書の内容は、仮養子（当分養子）に指名していた義弟徳丸の死亡報告と、新たな仮養子として斉元への願い替えを求めたものである。参府時に返却を求めるのは、先に指摘したように仮養子願書の基本であった。

この時、斉元は実は二十一歳であったが、二十歳として届けられている。ただしこの年齢操作には、あまり政治的意味はなかったと見てよいだろう。史料の上でも、年齢差十一歳という斉熙と斉元の「年回り」に配慮してのことだという点しか確認できない。ともあれ文化十一年に仮養子指名は、家老福原家の養子になっていた斉元を呼び戻すことで一応解決した。しかし問題は、その後であった。

仮養子斉元と実子斉広

もともと仮養子は、「後継候補」ではあっても正式の養子とは異なり、あくまでも当主の江戸不在中のみを有効とする「仮」の養子であった。当主が江戸へ参勤すると同時に、仮養子願書が返却されるのも、一時的な養子指名という性格に基づくものである。もちろん江戸不在中に万一の事態に至れば、仮養子は後継者として家を継承することになる。しかし逆に言えば、仮養子の立場は、正式の後継者が確定するまでの臨時の養子候補にすぎなかった。従って、もし当主に実子が誕生して正式に届け出がなされれば、仮養子としての立場は自動的に解消されてしまうものであった。

ところが当主斉熙には幼年とはいえ、すでにれっきとした実子の斉広がいた。その点を考えれば、やがて斉広の丈夫届が提出され、実子が公表された時点で、斉元は後継者としての資格を失う運命にあった。その意味では、今回、斉元を仮養子とするだけでは、単に斉広の存在を届け出るまでのつなぎにすぎず、むしろ斉元に福原家との関係を絶たせて、家老の家を継ぐ資格を奪っただけのことになりかねなかった。この斉元の立場を保障するには、斉元を仮養子ではなく、正式の養子として迎えることが不可欠であった。

その手続きは、五年後に取られることになる。文政二年（一八一九）の九月五日、斉熙は斉元を正式の養子とする旨の願書を幕府に提出した。

願書は、①斉熙には実の男子がいないこと、②斉元は斉熙の従弟にあたる筋目の者であり、二十五歳になる男子であること、③斉元を迎えるにあたっては娘（美和姫）の婿養子にするつもりであること、を内容とするものであった。養子願書は無事に受理され、九月十日、斉元は正式に斉熙の後継者として認められた。

斉元が養子として認められる一方、逆に斉広の存在の公表は、なおしばらく見合わせなければならなくなった。なぜならば、養子願書中に「私儀、いまだ男子ござなきに付」と明記されているように、養子申請はあくまでも斉熙に実子がいないことを前提とするものだったからである。そのため毛利家では当分の間、斉広の丈夫届を提出することができなくなってしまった。

しかしその一方で藩内的には、一応斉元の養子の件を認めるものの、その次の後継者は斉熙の実子斉広とすることで合意が成立していた。つまり一時的に斉元に家督を預けたとしても、ゆくゆくは斉熙直系の血筋に戻すことが、毛利家としての方針であった。そのため、藩内的には斉広の立場を明確にしておく必要が生じることになった。とくにこの年の二月には、斉元に長男の敬親が誕生しており、その意味でも相続順位の明確化が求められたのであろう。つまりこの時点から、毛利家では、「保三郎（斉広）様御事、いまだ公儀へ御届け相済ませられず候えども、御内輪においては御三殿様と称し奉り候」としているように、まだ幕府への届けこそ済ませていないが、斉広はれっきとした跡継ぎであり、当主斉熙、嫡子斉元とともに、「御三殿」とされることが明示されている。この措置は、藩内での扱いにとどまるとはいえ、斉広に斉元の跡を継ぐ立場を与えたことの表明であった。少なくとも毛利家内部においては、斉広は未来の毛利家当主として位置づけられたのである。

相続と公的年齢

斉広の丈夫届

この斉広の存在が、正式に幕府に届けられるのは、文政五年（一八二二）のことであった。実はこの頃、斉広には縁談が持ち上がっていた。相手は十一代将軍家斉《いえなり》の皇女和姫である。当時幕府は数多い将軍の子女の養子先・婚姻先を探していた最中であったが、その有力な婚姻先の一つとみなされたのが毛利家の男子であった。毛利家側もこの縁談に対しては「御家の御固めこの上無き御事」（「保三郎様御縁組一事」）とあるように、御家安泰のための何よりの手段と位置づけ、前向きの姿勢を見せることになる。ただしこの縁談を進めるにあたっては、二つの条件があった。

一つは斉広の丈夫届の提出である。これによって、まず斉広が毛利家の正当な血筋であることを公にしなければならなかった。もう一つが順養子手続きをとることであり、斉広を斉元の正式の養子として位置づける必要があった。いかに名門の毛利家の男子であろうとも、将来家を相続する立場にならなければ、将軍の娘の結婚相手としては論外であろう。そのため毛利家では、斉元を婿養子に迎えてから三年後の文政五年に、まず斉広の丈夫届を提出することになった。

文化十一年（一八一四）生まれの斉広は、この時九歳になっていたが、斉広の丈夫届がこの段階にまで持ち越されたのは、文化十一年段階の仮養子の選定や、文政二年の斉元の婿養子問題があったためである。ことに実子がいないことを前提とする婿養子を実現させるためには、どうしてもその段階で斉広の存在を公表するわけにはいかなかった。ところが、ここで大きな問題が起こった。それは斉元を婿養子に申請するにあたり、毛利家は「いまだ男子ござなく」としていたことである。そのため、今になって養子申請より前に斉広が誕生していたことを申し立てることができなくなっていた。結局、斉広の誕生年は斉元の婿養子認可以後、つまり文政二年以後としなければならなかった。つまり斉広は、すでに九歳を迎えていたが、これまでの毛利家の主張と矛盾させないためには、斉広の年齢は四歳以下でなければならなかったのである。

この時、毛利家でも可能ならば、実年齢より低く届けることは避けたかったらしい。斉広の年齢について、何とか「御年齢増しの儀」ができないか、と内々に幕府関係者へも打診を行った。しかし、過去の申し立てと齟齬《そご》をきたさない形で年齢を水増しする妙案は、結局誰にも思い浮かばなかった。何よりも斉元を養子とした段階で、「実子なし」としたことは決定的であった。今にして斉広を実年齢で届ければ、斉元を養子に迎えたことの正統性を自ら否定するに等しい。従って、これまでのいきさつからすれば、斉広の年齢を「操作」して、実際よりも年少に届けるより他に手だてはなかった。その結果、斉広の公的年齢は、実際よりも五歳若く届けられることになり、文政五年（一八二二）五月に「当午四歳」として幕府へ丈夫届が出されたのである。

順養子手続きと年齢

そしてそれから一ヶ月後の六月二十三日、毛利家では斉広を斉元の順養子とする手続きをとった。この丈夫届と順養子願いという二段階の手続きによって、「四歳」の斉広は正式に斉元の跡継ぎとして位置づけられたのである。つまり毛利家の家督は、斉熙の次は斉元、そして斉広へ、という順序で譲られることが確定した。

これによって、斉広は将軍の娘の結婚相手としての条件も整ったことになるのだが、興味深いのは、幕府側が毛利家の年齢操作の内実を承知していた点である。

毛利家が斉広の丈夫届を提出する一月ほど前、毛利家の江戸留守居役粟屋与一右衛門は幕府老中水野忠成《ただあきら》の家老に呼び出された。そして斉広について「御実御歳の儀、誠御内々にて承知仕りたく」とあるように、内々で実年齢を問われたのである（「保三郎様御丈夫届御順養子御願一巻」）。なぜ水野老中が斉広の実年齢を知りたがったのかについては、明確な記載はないが、おそらく将軍息女との釣り合いを配慮してのことであろう。しかし、実年齢を問われた毛利家の困惑は当然であった。いかに内々のこととはいっても、相手はれっきとした幕府の西の丸老中の一人である。その水野に斉広の実年齢を明かすことは、三年前に実子の存在を伏せて養子申請した内幕を暴露するに等しかった。その問題があるからこそ、不本意ながら斉広の年齢を「四歳」として届けざるを得なかったのである。しかしだからといって、わざわざ「真の心覚え」と断り、内証で問い合わせてきた老中に対して、偽りの申し立てをすることにもためらいがあった。

結局毛利家では、さんざん迷ったあげくに、「内々」であることを再度念押しした上で、「内実九歳」と記した書付を提出することになる。すでに水野老中がこのようなことを問い合わせてくること自体、老中が年齢上の操作があることを見越しているからに他ならない。ましてやこの書付を受け取った以上、水野忠成が三年前の斉元の養子申請の経緯と、それに伴う年齢上の操作をすべて察知したことは明らかである。しかしこれについては、毛利家との約束通り何も公にされることもなければ、問題視されることもなかった。それどころか、水野老中は、三年前の届け出と矛盾するような届けは避けるようにと示唆したほどだったのである。その意味では、結局、幕府側も相続をめぐる大名側の年齢操作の実態を十二分に承知しながら、表沙汰にすることもなく、敢えて黙認する姿勢をとっていた。今回の経緯は、そのことを裏付けるものであろう。

このような経緯の上に、斉広は正式に斉煕の実子として位置づけられると同時に、斉元の嫡子となった。そして将軍息女和姫と毛利斉広の縁組は、正式に決定のはこびとなった。この件が、公式に毛利側に伝えられたのは、その翌年、文政六年（一八二三）六月のことである。和姫十一歳、斉広は実年齢十歳、公的年齢では五歳であった。

斉広の存在は、文政五年段階で公表され、正式に後継者としての立場を獲得することになった。一方、斉元にも文政二年生まれの男子敬親があったが、この段階ではまだ斉広の丈夫届すら提出していない段階であり、敬親の存在は公にできるはずもなかった。結局、敬親の丈夫届は天保四年（一八三三）まで先送りされた。天保四年十一月の時点でようやく丈夫届は提出されたが、彼の年齢もまた三歳年少に届けられている。文政二年という正規の生まれ年は、斉広の公的な誕生年と同じである。少なくとも形の上では「兄弟」となる斉広との年齢的な釣り合いも、考慮せねばならなかったのであろう。いずれにしても毛利家の男子、斉元、斉広、敬親は実年齢よりも若く届けられたのである。

本来は、「御家御大事」への配慮から、実子の存在を明らかにしないまま出願した仮養子、あるいは斉元の婿養子申請であったが、結果的には、斉広や敬親の年齢を実際よりも若く届けなければならなくなった。幼年・若年の相続を避けようとしたという意図からすれば、むしろ逆行するような形になったのは、何とも皮肉な結果であろう。

しかもこれだけ慎重な対応を行ってきたにもかかわらず、毛利家はまもなく予想もしなかった深刻な問題に直面することになる。

相次ぐ当主の死去

毛利斉熙は、文政七年（一八二四）に四十二歳で隠居し、婿養子の斉元に家督を譲っていた。問題はそれから十二年後の天保七年（一八三六）におこる。

この年の五月十四日、隠居の斉熙が死亡した。公的には六月十六日の発喪であったが、それから四ヶ月後の九月八日（公表十月十日）、萩に帰国していた当主斉元が急死した。四十三歳（公的年齢四十二歳）であった。斉元の死去により、毛利家の家督は嫡子斉広が継承することになり、十二月十日、幕府より正式に認可された。この時、斉広は病気であったために、分家大名豊浦毛利家の毛利元義が名代として登城し、家督仰付をうけた。ところが新たに当主となったばかりの斉広は、それから一ヶ月もたたない十二月二十九日、急死してしまった。実年齢で二十三歳（公的年齢十八歳）の急逝である。

思いもよらなかった斉広の死亡により、若い当主を失った毛利家は直ちに後継者を確保する必要に迫られた。斉広には、まだ男子がなかった。おまけに家督を相続して間もない斉広は、当主として萩に帰国したことはなく、仮養子の指名をしたこともなかった。そのため毛利家では取りあえず斉広の死去を秘匿した上で、家臣らの意思統一をはかり、跡継ぎを確定することになる。

この段階で、もっとも近い立場にあったのは、先代の斉元の実子敬親である。当時国許にいた敬親は、急遽《きゆうきよ》江戸に呼び出された。二月二日に萩を出立した敬親は、三月二日に江戸に入る。そして、直ちに養子手続きをとることになるが、その願書は次の通りである（「猷之進様御出府御養子一件沙汰控」）。

私（斉広）儀、実子ござなく候。いまだ養子願い奉り候年齢にはござなく候えども、養父大膳太夫（斉元）実子毛利猷之進（敬親）儀、当酉《とり》十六歳に罷りなり、筋目の儀にもござ候間、此度養子に仕りたく願い奉り候。苦しからず思し召し候わば、しかるべくお指図下さるべく候。以上

（私斉広は、まだ実子がございません。まだ養子を申請すべき年齢ではありませんが、養父斉元の男子で、今年十六歳になる敬親がおります。筋目正しい者ですので、この度私の養子として迎えたく、この旨お願い申し上げます。お許しいただけるのであれば、そのようにお指図下さいますようお願い致します。以上）

養子の申請については、規定上では十七歳以上であれば可能であったが、通例は三十歳くらいになってから申請するのが一般的であった。しかし先代の遺児については、もともと後継資格があるものとみなされており、養子申請に年齢的な制約はなかった。いわゆる順養子の扱いである。ただし養子申請は、あくまでも当主の名をもって出願されることが条件であった。従ってこの時、斉広はすでに死亡していたが、あくまでも存命の体をとって願書が提出されることになったのは、急養子願書などと同様の扱いであった。

毛利敬親の相続

養子願書は問題なく受理され、敬親は正式に跡継ぎとして認められた。その上で、三月十五日、斉広の死去が公表されることになる。この間、斉広の死亡は秘匿されることになるが、興味深いのは前年の十二月以来の病状記録「斉広様機嫌相一件日記」などが残されている点である。あくまでも斉広の死去を公にすることができない状況にあって、養子手続きが完了するまでは、生存を「裏付ける」記録が不可欠だったのであろう。

そして忌み明けの四月二十七日、敬親は家督継承を認められ、正式に毛利家の当主となった。ところで敬親の妻は、実は斉広の娘都美姫であった。ところが、公的な記録の上では、彼女は斉広の娘ではなく、一族の娘という扱いとなっている。これは敬親を養子に迎えるにあたって、「婿養子」とせずに「養子」としたことによる。つまり養子にしたことによって、敬親と都美姫は義理の間柄とはいっても兄弟の関係になり、婚姻が認められなくなったからである。結果的に敬親の養子関係を優先させたことにより、都美姫の履歴を操作する必要が生ずることになったものであろう。いずれにしても、さまざまな制約が相続上の操作を行わせ、大名家の履歴と系譜を複雑化させる要因になったのである。

三　血縁と家の継承—十九世紀の岡山藩—

池田斉政の後継問題

六代目斉政の直系

岡山藩池田家は、初代光政が岡山に入って以来、六代にわたって実子による相続を実現してきた家であった。それも三代目の継政を除けば、いずれも嫡出男子によって家を継承している。養子に頼ることなく、実子相続が六代まで続いていることは、当時の大名家としては、異例といってよいほどであった。ところが斉政《なりまさ》以降は状況が一変し、養子によって家を受け継いでいくことになる。中でも天保期から幕末にかけての三代、斉敏《なりとし》・慶政《よしまさ》・茂政《もちまさ》は、いずれも婿養子として池田家に入っており、池田家とは直接の血縁関係のない当主であった。斉敏は薩摩《さつま》の鹿児島藩島津斉興《なりおき》の次男、慶政は豊前中《ぶぜんなか》津《つ》藩奥平昌高の四男、茂政は水戸藩徳川斉昭《なりあき》の九男である。

　はじめて他の大名家から異姓の養子を迎えることになったのは、寛政六年（一七九四）に父治政の隠居の跡を受けて、岡山藩を相続した斉政である。しかし斉政には実子がなかったわけではなく、寛政九年（一七九七）生まれの嫡子斉輝《なりてる》があった。斉輝は、文化十年（一八一三）、十七歳の時に将軍家斉へのお目見えを果たし、翌年には元服した。また同じ年に京都の公家《くげ》一条忠良の娘知子を正室に迎え、文化十三年には知子との間に嫡出の長男本之丞を儲けるに至っている。この時の池田家は、嫡子斉輝、嫡孫本之丞に加えて、斉政とは二歳違いの実弟政芳《まさよし》も家内にあり、また隠居の治政も健在であったことから、家の存続に対する懸念はほとんどなかったものと思われる。事実、寛政十年には斉政の異母弟直温《なおあつ》を越後椎谷《しいや》藩の堀家の養子に出していたほどだったのである。

ところが文政二年（一八一九）、斉政にとって唯一の男子であった嫡子斉輝が二十三歳という若さで死去した。その三ヶ月前には、隠居治政が他界したばかりであり、斉政は実父と実子を相次いで失うことになった。しかし早世した斉輝には本之丞という嫡出の遺児があり、幼いながらも池田家直系の男子であった。そのため斉政は、斉輝の死の半年後に、嫡孫承祖の手続きをとることになった。「嫡孫承祖」というのは、祖父から孫に家督を譲る手続きであり、四歳の本之丞が正式に跡継ぎとなった。

これによって、一応後継問題は解決したものの、問題は幼い本之丞の病弱であった。そして少年の健康に対する不安は現実のものとなり、結局本之丞は翌年九月、五歳で夭逝《ようせい》し、斉政は二番目の後継者を失ってしまったのである。

同姓の婿養子

嫡子斉輝と嫡孫本之丞の死去によって、斉政は直系の男子を失った。そして思いも寄らなかった後継者問題が、一気に深刻な事態として浮上してくることになったのである。

斉政の弟政芳は家内にあったが、すでに四十六歳になっており、いまさら養子としては不適格であった。むしろ池田家の血筋の中で注目されたのは、政芳の長男であり、斉政の甥にあたる欣之進（斉《なり》成《しげ》）であった。血統的にも、斉政の甥という立場を考えれば、もっともふさわしい後継候補であったのだが、彼の場合も実は大きな問題があった。

それは欣之進がすでに旗本の養子となり、神《かん》尾《の》家に入っていたことである。それも欣之進が神尾家の養子となるにはかなり複雑な経緯があった。「池田氏系譜」によると、欣之進は公的には旗本牧野成著の実子として幕府に届けられ、牧野家から七百石の旗本神尾守富の養子に迎えられたことになっていた。なぜこのように面倒な操作をしたのかについては不明である。しかし養子取組の過程で、大名の甥として旗本家に入るよりも、旗本同士での養子のやりとりの方が何らかの理由で無難だと判断されたものであろう。その間の事情はともあれ、実際問題として当時の欣之進は、公的には池田家とは無縁の男子であり、しかも神尾家を相続する立場の男子だったのである。その意味では、欣之進についていまさら池田家の継承資格を云々することはできなかった。従って、確かに血統の点を考えれば、欣之進が最善の後継者であったことは当然であるにしても、欣之進の当時の立場を勘案すれば、そのまま彼を池田家の後継者に迎えることは不可能だったのである。

系図12【岡山藩　池田家系図】

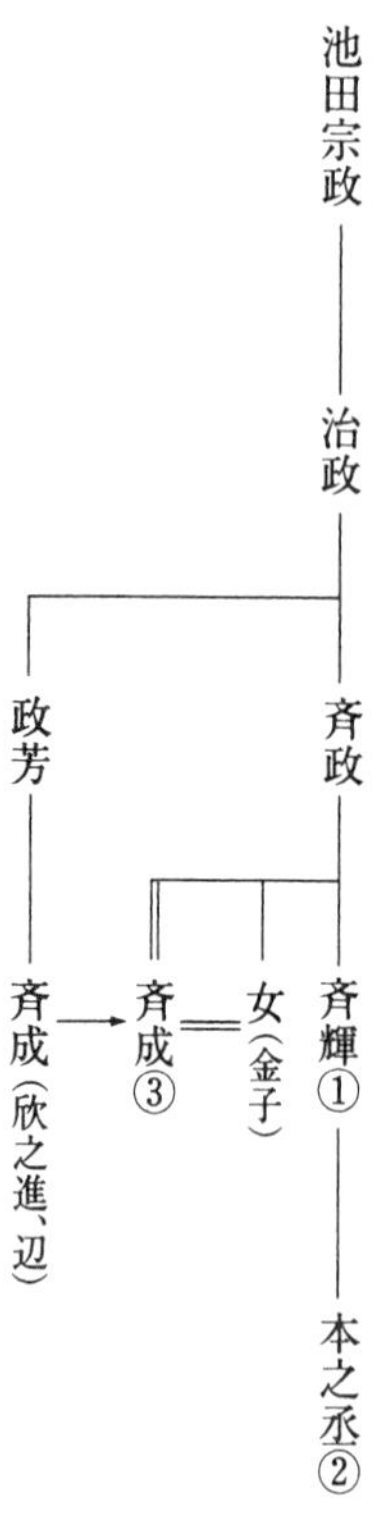

*①②③は、斉政の後継者として位置づけられた順を示す。

しかし斉政としては自らの甥であり、池田家の血をひく欣之進を諦《あきら》めきれなかったのであろう、「極密」に欣之進の呼び戻しを試みることになる。牧野家を通して神尾家に欣之進の離縁を申し入れた結果、神尾家では池田家の意をくんで、欣之進の離縁に応じた。その結果、欣之進の身柄は内々で池田家に戻されることになったのである。

欣之進を取り戻すことに成功した池田家では、直ちに欣之進という通称を「辺《ほとり》」と改名させ、幕府に届け出た。この改名は、欣之進について、「是までのところ、公辺内分にて」(「池田氏系譜」)とあるように、一度旗本の養子となっているという前歴を抹消するためであった。従って、神尾家の養子であった「欣之進」と、池田斉政の甥「辺」とは別人として扱われることになり、改めて辺という政芳の息子が斉政の養子候補にのぼせられることになったのである。このような経緯の上に、文政三年

（一八二〇）三月二十一日、斉政は甥の辺を養子とする旨を正式に出願し、三日後に認められた。この時、斉政四十八歳、辺は十三歳であった。斉政にとって三人目の後継者である。

この間の池田家の動きを見れば、斉政が血統の維持にこだわっていたのは明白であろう。だからこそ「公辺内分」の形で旗本養子という前歴を抹消させ、欣之進（辺）に池田家の当主の甥という立場を復活させたのである。加えて、斉政は辺を養子とするにあたり、五歳になる実の娘金子の婿として迎える形をとった。つまり甥である辺を、娘婿という立場で改めて後継者としたのである。この欣之進を跡継ぎに据えたことによって、池田家の後継者問題は一応決着したかに見えた。

異姓の婿養子

ところが五年後の文政九年（一八二六）、斉政は再び後継者探しを強いられることになった。十三歳で養嗣子に迎えられた辺（斉成）は、その後順調に将軍へのお目見えや元服を済ませ、徐々に大名嫡子として体裁を整えていったが、文政九年の八月、十八歳で急死してしまった。この時、斉政はすでに五十四歳になっていた。五十歳を超えた斉政にとって、嫡子を失ったことは大きな痛手であり、家の存続を考えるならば、直ちに新しい養嗣子を迎えなければならなかった。

しかし、この時すでに、池田家の内にも養子適格者は尽きていた。唯一、池田家に残されていた実弟の政芳はすでに五十二歳となっており、兄弟姉妹の縁に連なる親戚中からも適当な候補を求めることはできなかった。

血縁者の中から後継者を見いだすことを断念した斉政は、改めて異姓養子を求めなければならなくなった。この時点における斉政の選択は、夫の辺（斉成）を失った娘金子に再び婿を迎えるというものであった。その段階で後継候補に選ばれたのが、鹿児島藩の島津斉興の次男、丈之助（斉敏）であった。池田家では、島津家に了承を求め、丈之助を養子とする手続きをとった。十月二十三日、老中水野忠成に提出された養子願書は次の通りである（「斉敏公若殿様御聟養子一件」）。

私（斉政）儀、当戌《いぬ》五十四歳に罷りなり申し候、養子紀伊守《きいのかみ》（斉成）病死仕り、外に男子ござなく候に付、松平豊後守（島津斉興）次男島津丈之助（斉敏）儀、当戌十六歳に罷りなり、兼ねて由緒もこれあり、娘へ取り合わせの年頃も相応の儀に付、此度婿養子仕りたく存じ奉り候。もっとも当時同姓異姓、親類・遠類のうち相応の者ござなく候間、右丈之助儀、婿養子仕りたく、この段願い奉り候。以上。

①私（斉政）はすでに五十四歳を迎えていること、②斉成の病死により跡継ぎの男子を失ったこと、③今年十六歳になる島津家の次男丈之助（斉敏）を婿養子としたいこと、④丈之助とは「由緒」ある関係であり、年齢的にも娘婿としてふさわしいこと、⑤当時の親類・遠類中には丈之助を上回る適格者がいないこと、を内容とするものであった。ただし斉政と丈之助は、直接に血縁関係があるわけではなかった。

実は、池田斉政の妻は、池田一族の大名と鳥取藩主池田治道《はるみち》の妹（伊渡子）であったが、治道の娘

系図13【池田・島津関係系図】

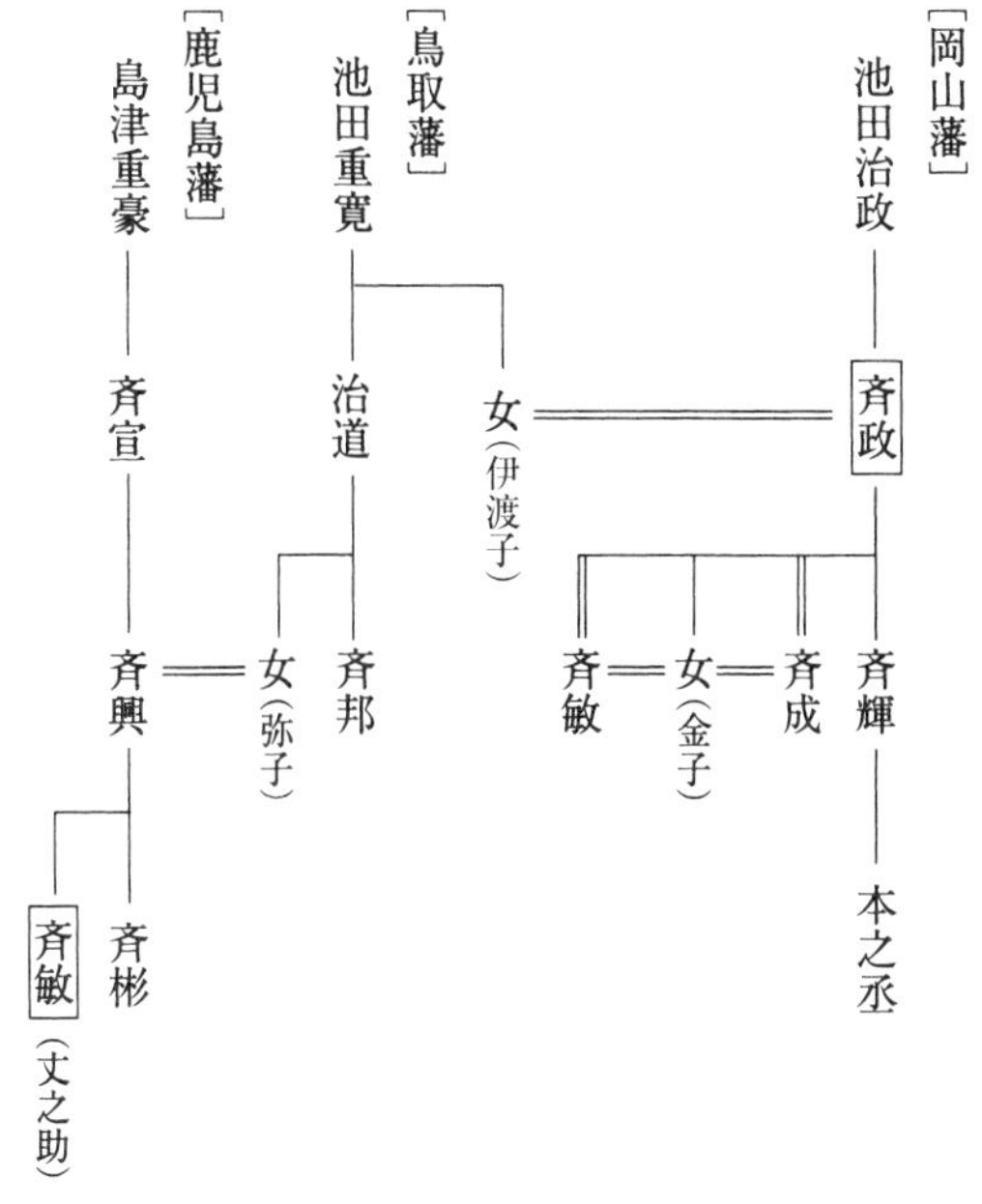

＊本来、岡山池田家と島津家とは直接の縁戚関係はなかったが、鳥取池田家を通じた縁があり、斉敏は、斉政の妻伊渡子の又甥にあたる。

（弥子）が島津斉興に嫁いでいた。丈之助はその弥子の次男である。つまり斉政の妻伊渡子からすれば、丈之助は又甥（姪《めい》の子）にあたる男子であったが、実は島津家との間にはこれ以上の関係はなかった。従って、「兼ねて由緒もこれあり」としているものの、実は右のような鳥取池田家を介した関係のみであった。しかし、池田家ではこれをあくまで「由緒」として強調し、娘金子への婿養子に願ったのである。結局、願書は滞りなく受理され、二日後の二十五日には正式に養子取組が認可された。

　ところで、丈之助の養子話はいつ頃から確認できるのであろうか。池田家の史料を見ると、すでに九月三日の段階で内談が開始されていたことが確認できる。これは、斉成の死去からまだ二十日ほどしか経過していない時点であった。しかも池田家にとって、はじめて異姓養子を迎えなければならないという深刻な状況の中で、早々に次の後継者選びが開始されていたのである。

この動きは、一刻もはやく後継者を確定したいという「焦り」とも解釈できるが、どうやらそれだけではなさそうである。というのも実はこの時、幕府から池田家に対して、内々で将軍家斉の息子の養子話が持ち込まれていたらしい。

十一代将軍家斉に多くの子女があったことはよく知られているところだが、当時、幕府はその養子先・嫁ぎ先を求めていた最中であった。池田家に対する養子話が、将軍男子の中の誰を候補とするものであったのかは不明だが、岡山藩池田家であれば家格・家柄とも申し分なく、養子話が持ち込まれたとしても不思議ではないであろう。事実、鳥取池田家には将軍の男子斉衆《なりひろ》が養子として入っているという経緯があった。ただし斉衆は早世し、鳥取池田家の当主となるには至らなかった。もちろん鳥取池田家と岡山池田家では徳川家との関係も異なり、同一視できるものではないが、岡山池田家に養子話が持ち込まれたことはほぼ間違いなさそうである。しかし、結局のところこの件は池田家側が断り、立ち消えになったのだという。

将軍家斉の息子の養子話

少々脇道にそれるが、この将軍の息子の養子話については見ておこう。実はこの件については、池田家以外の大名家の史料から確認することができる。この頃、将軍の子女の嫁ぎ先や養子先をめぐる大名との折衝に関わっていた老中水野忠成が、この件を他の大名に明かしていたのである。相手は、伊予《い よ》宇和島藩主伊達宗紀《だ て むねただ》であった。

文政十年（一八二七）の四月、跡継ぎのいなかった伊達宗紀は、自らの後継者問題について水野忠成にさまざまな可能性と手段を打診していたが、その折りに「仮」の話として、伊達家に対して将軍の息子の養子話が持ち込まれる可能性があるのかという点を尋ねた。そして、万一にもそのような話が浮上した時、大名側から断ることができるのかを確認している。池田家に対する将軍の息子の養子話が話題になったのは、その時であった。水野老中は、伊達宗紀の問いに対して、次のように答えている（「御仮養子一件」）。

御余儀なき御訳あい、これある事に候わば、お断り相成らざる事はこれなく、公辺へ対し御不敬と申す事にもこれなく、すでに上総介《かずさのすけ》（池田斉政）殿、御養子下され候御内意これあり候ところ、お断りこれあり、薩州より養子致され候ことにござ候。随分お断りは相成ることに候。

（やむを得ない理由があれば、養子話をお断りできないことではなく、またそのことが、御公儀に対する「御不敬」となるわけでもありません。以前にも池田斉政様に対して御養子のお話がありましたが、斉政様はこれをお断りになって、結局薩摩の島津家からご養子を迎えられました。お大名の方からお断りになることも可能です。）

要は、たとえ将軍の息子の養子話であっても、大名側から断ることが可能であり、そのことは不敬にあたるわけではないという。現に養子話を断った先例があり、それが岡山藩の池田斉政だったというのである。

水野老中は、この頃、家斉の子女の養子問題や嫁ぎ先について、しばしば介在しており、おそらく池田家の養子話にも関わっていた可能性が高い。その水野忠成の発言であることからすれば、信憑性は高いものと考えてよいであろう。のみならず、この伊達宗紀との対談の数ヶ月前に、池田斉政から島津丈之助を養子とする願書を受理したのは、他ならぬ水野本人であり、このあたりの事情は熟知していたものと推測される。

将軍の男子を養子として受け入れるか否かの判断は、それぞれの大名家の意識によっても異なるところであろう。とくに養子となると、女子の縁組とは異なり、大名家の血筋と家の存続に関わる問題である。どうやら、当時の池田家にとってこの将軍男子の養子の件は歓迎すべきものではなかったらしい。当時、まだ養子先が確定していない将軍の男子は五人あったが、いずれにしても八歳以下の少年ばかりであった。これまで実子斉輝、嫡孫本之丞、甥斉成を相次いで失い、男系の後継者を断念せざるをえなかった斉政が、またも少年の成長を待たねばならないことに不安をいだくのは当然であろう。島津丈之助を養子に迎えるにあたり、娘金子の婿養子として「年頃も相応」という点が強調されているところにも、そのような池田家の思惑を読みとりうるところであろう。

将軍の息子の話と、島津家への養子貰い請けの交渉と、どちらが早かったのかは定かではない。しかしいずれにしても、池田家に対して将軍の男子の養子話があったとすれば、一刻も早く養子問題に決着をつける必要があった。ともあれ、池田家は九月はじめの段階から、早々に島津家との間で養子取組の交渉を開始し、九月二十三日には分家・末家を呼び寄せて丈之助養子の件について一族の合意を取り付けた。その上で、十月二日に島津家に対して正式の養子要請の使者を派遣し、内約の成立にこぎ着けた。そして、老中松平乗寛《のりひろ》や水野忠成との内談を重ねながら十月二十三日の願書提出となったのである。

斉敏と慶政の仮養子問題

池田斉敏の襲封と後継者

婿養子申請から三年後、文政十二年(一八二九)二月二十日、五十七歳となった斉政は病気を理由として隠居し、十九歳の嫡子斉敏に家督を譲った。そしてその年の四月、斉敏は池田家の当主としてはじめて岡山に赴くことになった。

江戸を発足するに先立ち、まだ男子のなかった斉敏は「仮養子願書」を幕府老中に預けることにな

系図14【島津・奥平家関係系図】

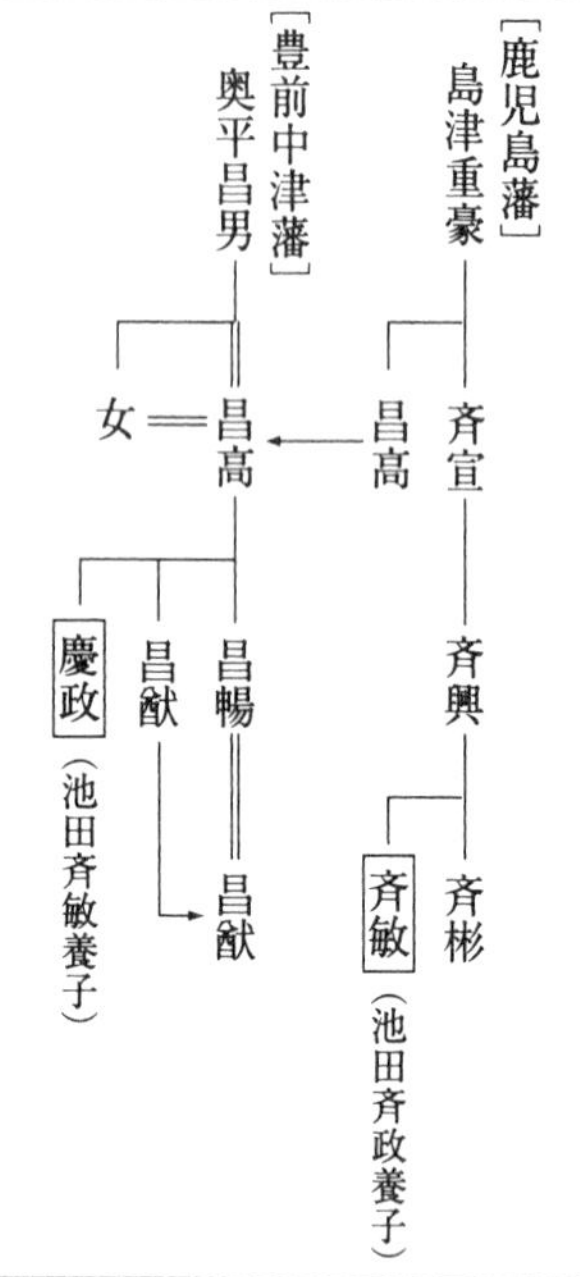

＊斉敏は奥平家の男子を仮養子に指名するが、奥平家は池田家とは直接の血縁家系はなかった。

る。しかしこの段階では、池田本家をはじめ、分家の鴨方池田家や生坂《いくさか》池田家にも適齢の後継候補はなく、たとえあったとしても斉敏よりも池田家に近い血筋の者を仮養子に指名することはできなかった。その結果、斉敏は島津家の縁戚の中から豊前中津藩奥平家の男子を指名することになった。

奥平家の当主は奥平昌暢《まさのぶ》であったが、先代の昌高《まさたか》は実は島津家から迎えた養子であり、斉敏の実父島津斉興の叔父であった。そのため当主の奥平昌暢をはじめ、その兄弟はいずれも斉敏の従兄弟違いに当たる男子である。左は文政十二年の仮養子願書である（「斉敏公御内存書控」）。

私（斉敏）儀、今度御暇下し置かれ、国許へ発足仕り候。これにより奥平大膳大夫（昌暢）弟奥平勇吉儀、当年十六歳に罷りなり候。兼ねて由緒もござ候間、もし不慮の儀ござ候わば、この者養子に仕り、跡式下し置かれ候様願い奉り候。来年参府仕り候節、この願書御返し下さるべく候。

このように斉敏は実家の関係から奥平家の男子を仮養子として申請した。その後、斉敏は引き続いて奥平家の男子を仮養子に指名することになった。ただしはじめに指名した勇吉（昌猷《まさみち》）は数年後に兄昌暢の跡を継いで奥平家の当主となったために、池田家では弟の七五郎（慶政）を指名するようになった。おそらく池田家の思惑としては、当主に迎えた斉敏と正室金子との間に男子の出生を期待していたものであろう。従って奥平家の仮養子指名は、池田家の血筋の男子誕生までの一時的な、まさしく「仮」の養子指名のつもりであったものと推測される。しかしそれから十三年後の天保十三年（一八四二）、池田家は思いがけなくも斉敏の死去という事態に直面することになる。

慶政の襲封と池田家の血筋

天保十三年の正月晦日《みそか》、池田斉敏は国許の岡山で急死した。この時、池田家を困惑させたのは、斉敏が帰国に際して仮養子として指名していた奥平七五郎（慶政）が池田家とは血縁関係のない男子であった点である。むろん、当主斉敏が奥平七五郎を仮養子としている以上、もはや他の男子を後継者にすることはできなかった。しかしこのままでは、池田家とは無縁の当主を迎えなければならなくなる。池田の血筋を保持するには、何らかの手段を講じなければならなかった。そこで、ともかくも当主斉敏の死去を秘匿し、存命の形を取り繕いながら時間を稼ぎ、その間に対処方法を考えることになった。

池田家の目論見は、まず池田家の血をひく娘を斉敏の養女とし、七五郎をその養女の婿とすることであった。そのために、岡山池田家の分家大名である鴨方池田家との交渉を開始した。交渉内容は、鴨方の当主池田政善《まさよし》の娘宇多子を養女として貰い請けることであった。鴨方池田家の了承を得た池田家では、斉敏の名をもって、三月十八日、分家の宇多子を養女とする旨を幕府に届けている。奥平家との交渉はそれからであった。つまり奥平家に対しては、七五郎を単なる養子ではなく、「婿」養子として斉敏の後継者に迎えたい旨を申し入れたのである。

江戸においてこのような準備を整える一方、国許からは三月十一日、病気を理由とした「参府延引届」を作成して斉敏の体調不良を訴え、ついで斉敏の発病とその悪化、そして三月二十八日付の「御差し重り御届」へと、段階的な報告がなされることになる。そして回復不能の状況を伝えた上で、三月二十九日付の「御跡式御願書」を作成するに至ったのである（「天保十三年御願書並御届書等」）。

私儀、国許において寅《とら》正月より癇《かん》の症にて相すぐれ申さず候に付、手医師とも薬服用致し段々療養仕り候えども、逆上眩暈《めまい》つよく塞《ふさ》ぎなどこれあり、追々疲労相増し、病気指し重り本復仕るべき体ござなく候。もし死去仕り候はば、去る丑四月、お暇下され候砌《みぎり》願い奉り候通り、奥平七五郎（慶政）儀、由緒の者に候に付、私養女に取り合わせ婿養子仰せつけられ、跡式相違なく下し置かれ候よう願い奉り候。

今回のケースは、いわゆる仮養子願書の有効性が発揮された事例である。願書は、①私（斉敏）は今年正月から体調を崩し、医者の診断を受けつつ療養につとめてきたこと、②病状ははかばかしくなく、快復の兆しが見られないこと、③もし自分が死亡する事態に至ったならば、去年、帰国の際に仮養子として出願していた奥平七五郎を自分の養女の娘婿として跡式相続を認めて欲しいこと、④奥平七五郎はもともと由緒のある者であること、を内容とするものであった。

この願書中、池田家にとって重要であったのは、「私養女に取り合わせ婿養子仰せつけられ」という部分であろう。従って慶政は池田家の娘婿として迎えられ、池田家を相続することになるのである。この願書は、他の事例でも見られるように、あくまで斉敏存命の形で作成された。ただしおなじ「跡式御願書」とはいっても、江戸以外の地における死亡であったために、判元見届を必要としない相続願書であり、万一の場合に備えて預け置いた「仮養子願書」の執行を求める願書であった。

この願書は四月十三日、幕府に提出され、無事に受理された。そして手続きを完了した四月十四日、斉敏の死亡届が約二ヶ月遅れで幕府に報告された。正月晦日に他界した斉敏は、「御逝去届」の上では四月二日の死去として届けられたのである。この実際の死亡日と届け出の時間差は、「池田家には御筋目ござなき」当主を迎えなければならないという事態の中で、何とか当主の身辺に池田の血筋を残そうとする手だてのための二ヶ月間であった。

慶政の仮養子指名

斉敏の婿養子として池田家に迎えられた慶政は、天保十三年五月二十九日、幕府から正式に相続を認められ、池田家の当主となった。慶政にとっての大きな課題の一つは、仮養子候補の選択であった。

系図15【池田慶政　仮養子候補】

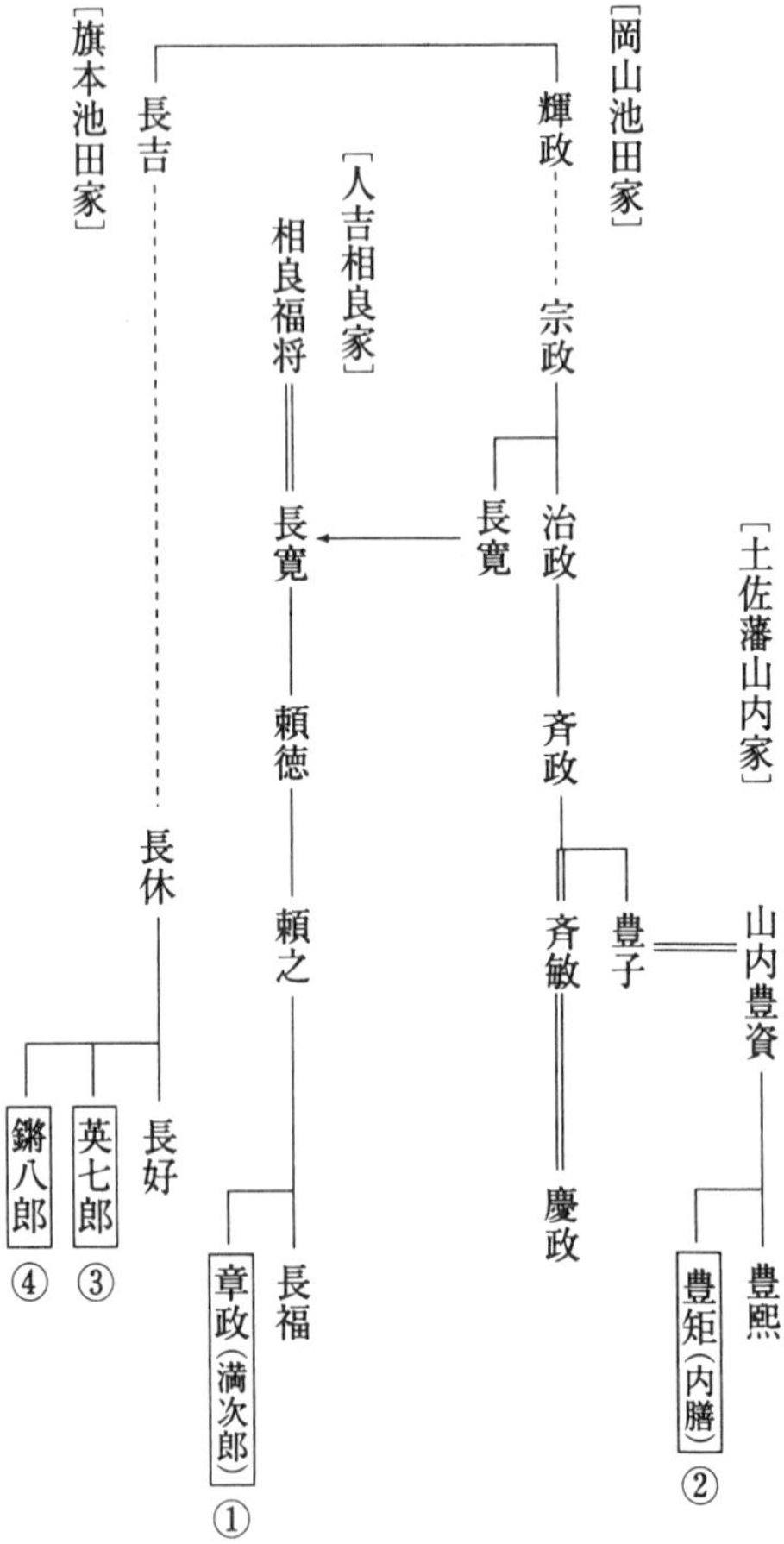

＊①〜④はいずれも仮養子候補。
池田家では、慶政の仮養子として血縁のある①相良満次郎を要望する。しかし相良家の事情で仮養子指名ができなかったため、斉政の外孫にあたる山内内膳を指名。

数年後からは、池田一族の英七郎③を指名。

ただし英七郎が別家の養子となったためその弟の鏘八郎④を仮養子とした。

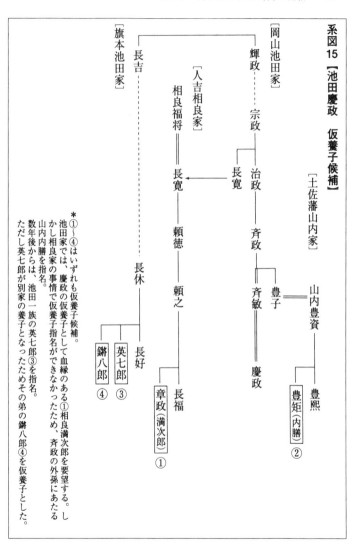

当初池田家では、縁戚関係のある肥後人吉藩相良《ひごひとよしさがら》家に仮養子候補を求めた。相良家には明和六年（一七六九）に四代目宗政の弟の長寛が養子として入っており、当時の相良家の当主長福《ながとみ》は長寛の曾孫であった。その意味では、相良家は池田家と深いつながりのある家としてみなされていた。池田家では相良長福の弟満次郎（章政）の仮養子指名を強く要望し、相良家に申し入れた。しかし当時の満次郎は、相良家においても当主長福に次ぐ大切なお控えの男子であり、直ちに池田家の要請に応じるわけにはいかなかった。

次に池田家が仮養子候補として注目したのは、先々代斉政の娘豊子の嫁ぎ先であった土佐高知藩の山内豊資《とよすけ》の次男豊矩であった。つまり斉政の外孫であり、慶政にとっては「養方従弟」の続きということになる。

山内家の了承を得た慶政は、天保十四年と弘化二年（一八四五）の両度、山内豊矩を仮養子に指名することになった。しかし豊矩についても山内家側からの断りにより、弘化四年以降は指名できなくなった。おそらく健康上の理由があったものと推測される。従ってあらたな仮養子候補を求めなければならなくなり、結局、その後は池田一族の旗本、池田甲斐守《かいのかみ》の弟英七郎、あるいはその弟の鏘八郎《しょうはちろう》などを仮養子に指名することになったのである。

ちなみに池田家が仮養子として切望した相良満次郎（章政）は、弘化四年の段階で、岡山藩池田家の分家大名鴨方池田家の養子に迎えられていた。そして幕末・維新期の混乱の中、明治元年（一八六八）に本家池田茂政の養子として本家を引き継ぐことになる。つまり池田家の血を引く男子として注目された満次郎は、鴨方池田家の当主という立場を経て池田本家に入ることになった。この章政の襲封により、池田家では七代目斉敏、八代目慶政、九代目茂政と三代続いた直接血縁のない異姓養子相続に終止符をうち、異姓ながらも実質的に池田家の血筋の男子を迎えることになったのである。

むすびにかえて——御恩と奉公の論理から——

いくつかの相続事例や養子取組の具体例を通して見てきたように、江戸時代の大名にとって「十七歳」という年齢上の制約は、相続の上で極めて重要な意味をもつものとして認識されていた。

大名たちにとって、十七歳未満と十七歳以上ではまさしく雲泥の差があり、はからずも若年の当主を戴くことになった大名家にとっては、当主の成長は家の存続と表裏一体のものとみなされていた。

大名の子女の公的年齢の操作や死亡月日の操作は、このような相続上の制約と密接に関わるところであった。一例として、土佐高知藩の山内豊常《とよつね》の事例を見てみよう。豊常は、享保十年（一七二五）に死去したが、実年齢は十五歳であった。しかし公的には四歳年長に届けられていたために、行年は十九歳とみなされた。結局豊常に対しては末期段階における急養子が認められ、一族の豊敷《とよのぶ》が後継者として相続を認可されている。これは公的年齢の操作によって十七歳の制約から免れた事例であるが、それぞれの大名家に伝えられた「家譜」をたどっていくと、公的年齢と実年齢が異なる事例は極めて多く、相続問題に直接関わる年齢操作も少なくなかった。

加えて、幕府へ無届けの相続事例、いわゆる「公辺内分」の相続が、備中生坂と備中鴨方における両池田家の分家や、肥後人吉藩相良家、あるいは旗本の竹中家などで確認できることから見ると、これもまた十七歳の制約と密接に関わっていたことはいうまでもない。ここで取りあげた事例の他にも、豊後臼杵藩における稲葉弘通（十五歳）、対馬府中藩の宗義功（十七歳）、陸奥盛岡藩の南部利用《としもち》（十五歳）、播磨赤穂藩の森忠徳（十二歳）、筑後柳川藩の立花鑑備《あきのぶ》（十一歳）などがあったことは、先に指摘した通りである。このような事例を見れば、いわゆる公辺内分の相続は、実は十七歳未満の当主死亡に対する対応措置の一つになっていたと見ることができるであろう。

十八世紀後半という段階は、ちょうど大名当主が十七歳未満で死亡する事例がほとんど見られなくなるのと期を一にしている。わずかに「特例」として特殊な家の事例が確認されるにとどまり、実際に十七歳未満で当主が死亡したために相続が認められなかったのは、十八世紀後半以降では、姫路新田藩の解体事例一件にとどまる。十七歳未満の死亡事例の消滅と、公辺内分相続が確認される時期の一致を整合的に整えるならば、「公辺内分」の相続は、実は幕府の相続原則では認められない相続を実現させるための手段であったことになるだろう。

加えて、このような公辺内分の相続については、いくら幕府が大名家の問題に関知しない立場をとっていたにしても、とうてい隠しおおせるものではない。ことに当時の縁戚関係をたどれば、幕閣に内緒で事を運ぶのは不可能に近い。おまけに名跡継承の手段があることを考えれば、敢えて幕府を欺くような危険を冒す必要はなかったはずである。その意味では、幕府へ無届けであっても、実は幕府も其の内情を十二分に承知しており、敢えて黙認していたと考える方が妥当である。

もちろん公辺内分の後継者は、幕府へ無届けとはいっても、それなりの正統性をもっていた。例えば弟や一族などであるところからすれば、決して恣意《しい》的な後継者ではなく、十七歳の制約さえなければむしろ順当な後継者であったといえよう。

幕府が黙認していたことを窺《うかが》わせるのは、次のような事例があるからである。

文政十年（一八二七）、伊予宇和島藩の伊達宗紀は、当時の会津藩主松平容敬《かたたか》が、実は美濃高須藩主松平義和《よしより》の男子であることを知らされた。このことを宗紀に伝えたのは、当時の老中水野忠成であった。かつて義和の男子が内々で会津藩の松平家に引き取られ、公的には実子として届けられたのだという（「御仮養子一件」）。このような事例があることを、老中が大名へ伝えていることからすれば、幕府へ無届けとはいってもいわば公然の秘密であり、幕府側も十分に状況を承知しながら表沙汰にしなかったことを裏付けているといえよう。

そうなると、なぜ幕府は敢《あ》えて十七歳の年齢の制約に拘泥し続けたのであろうか。公辺内分の相続の黙認することは、いわば相続原則の空洞化である。また年齢詐称の日常化も、建前と実態の乖離に他ならない。むしろ十七歳の制約を撤廃すれば、実態との溝を埋めることが可能なはずである。どうして幕府は、この点に拘《こだわ》り続けたのであろうか。

幕末に至るまでこの規定が存続していることを考えるならば、十七歳の制約の背景として、封建的主従関係に基づく問題を視野に入れて見るべきだろう。

そもそも相続とは、奉公を前提として将軍が諸大名や家臣に対して認めてきたものであった。実質的にはともかくも、その関係は個人的な主従関係を基軸とするものであった。たしかに大名の子は、生まれながらに家を継ぐ資格をもっていたが、そのことがそのまま一人前の大名として認められたことを意味するわけではなかった。幼い跡継ぎに対して相続が認められたのは、将軍に対して奉公する可能性があるという将来性に対してである。幼年当主は、年を重ねながら元服し、お目見えを果たし、幕府の諸儀礼に参加し、叙任を請け、やがて領地への入国が許され、参勤交代を行うといった一連の過程を通して、大名としての立場を獲得し、奉公を全うする者として位置づけられていくことになる。十七歳という年齢もその中の一つであり、将軍へのお目見えと同時に重要な指標とされていた。そしてどうにか一人前の大名として認められた段階で、はじめて自ら後継者を指名することが許されたのである。だからこそ、不幸にして一人前と認められる前に死亡した場合には、約束されたはずの奉公が果たされなかったことになる。従って奉公に対する御恩、つまり後継者を指名することもまた、認められなかったのである。

このような主従関係の根幹にかかわる問題であったからこそ、実態との乖離、形骸化を承知の上で、幕府は解体に至るまで、十七歳の制約を撤廃することができなかった。

この奉公の問題を考えるならば、末期段階における急養子願書が、なぜすでに死亡している大名の名をもって出願されなければならなかったのか、幼年当主の死亡の身代わりという「公辺内分」の相続をなぜ幕府が黙認したのか、より日常的には年齢詐称や死亡月日の操作の事実をとがめなかったのか、という点も理解できるのではなかろうか。

幕府としても、特に大きな落ち度もない大名家を解体し、それに伴う社会不安を招くのは本意ではなかった。しかしだからといって公然と家の継承を認めてしまえば、それは自ら主従制の原理を崩すに等しい。幕藩間の関係を維持しつつ、大名家の温存を計る手段の一つが、公辺内分の相続だった。

相続を認め、領知支配を認可するという将軍の御恩は、「一人前の大名として、将軍にお目見えを果たし、一人前の大名として将軍への奉公を約束する」という大名側の奉公の条件が整えられてはじめて、認められるものだったのである。

あとがき

ここ数年、主要なテーマとしてきたのが大名家の相続である。相続関係史料を見はじめた頃には、相続をめぐる実態が表向きに伝えられているものと一致しなくても、むしろ「よくある話」くらいにしか感じていなかった。以前、対馬藩における兄弟入れ替えの事実に接した時も、朝鮮外交という対馬藩宗家の特殊事情によるものであろうという勝手な思いこみから、それ以上、立ち入ることはなかった。

ところが、これまで研究対象としてきた岡山藩池田家において、「公辺内分」の相続があることに気づいたことをきっかけとして、相続問題の複雑さを改めて見直すようになった。はじめのうちはまさに手探り状態であり、単純な事例の紹介が精一杯であった。しかし、勤務先である湘南国際女子短期大学の紀要や、その他いくつかの発表の場を借りながら、少しずつ事例を取りあげていくうちに、おぼろげながら近世社会の特質としての相続問題が見えてきたように感じられた。そうは言ってもまだ、試行錯誤で史料にあたりながら、大名相続の片鱗をかいま見ている段階に過ぎない。本書はいわば、その中間報告のつもりである。

今にして、大名家の系図や相続関係の史料を見ながら、ふと思うことがある。この史料は、いったいどこまでの実態を語っているのだろうか、と。本書の中で取りあげてきた事例にしても、果たしてどこまで実情に迫ることができたのか、正直なところ不安の方が大きい。その意味では荒削りの試みであり、些か十七歳の制約に拘りすぎた感があることは承知の上ながら、本書を通して十八世紀以降江戸時代の大名家が家の存続にどのように取り組んでいたのかという実情、幕府側の応対のあり方などを、多少なりとも読みとっていただければ幸いである。

本書の作成にあたっては、多くの先行研究に導かれ、各所の史料所蔵機関に大変お世話になった。本来ならば、逐条表記すべきところながら、省略してしまったことをお詫びするとともに、未刊行史料についてはリストを提示することでお許しいただきたい。

「池田氏系譜」（岡山大学付属図書館所蔵池田家文庫・マイクロ版資料を利用）
「家系・家譜」（同）
「松平久馬之助様御口上書」（同）
「治政公御内存書控」（同）
「斉敏公御内存書控」（同）
「慶政公仮養子願書」（同）

「中務少輔様急御養子御願一件」〈同〉
「信濃守様御病気急御養子願一件」〈同〉
「斉敏公若殿様御聟養子一件」〈同〉
「天保十三年御願書並御届書等」〈同〉
「御扣帳」〈明和四年、安永元年、同四年、同五年、同六年〉〈同〉
「留帳」〈安永六年〉〈同〉
「東政秘録」〈同〉
「歴世分覧」〈同〉
「鴨方池田家年譜留」〈同〉
「宝暦私記」〈相良家史料第七巻〉〈熊本県立図書館〉
「稲留文書　熊風土記」〈同第二十三巻〉〈同〉
「探源記」〈人吉市図書館〉
「伊織様青木様御養子被仰合控書」〈宇和島伊達文化保存会〉
「御仮養子一件」〈同〉
「弾正様御仮養子事」〈山口県文書館所蔵毛利家文庫〉
「弾正様斉元公御婿養子一件」〈同〉
「保三郎様御丈夫届御順養子御願一巻」〈同〉
「保三郎様御縁組一事」〈同〉

「猷之進様御出府御養子一件沙汰控」（同）

末筆ながら編集担当の俵谷晋三氏には、筆者の力量不足のために大変ご迷惑をおかけした。お詫びするとともに、深く感謝したい。

二〇〇四年盛夏

大森映子

補論　「お目見え」とお家相続

「公辺内分」の相続

大名家の内部史料を見ていると、後継者の身代わりや入れ替えなどの極端な手段でなくとも、死亡日時の操作や経歴の書き替えなど、後継者問題に結びつく「公辺内分」の扱いは随所で確認できる。もちろん、履歴の改変がすべて相続にかかわっているわけではない。何を意図するのか不明なものも多く、親子の年回りや厄年との関係、迷信的な側面などから、わざと届出を遅らせたり年齢を水増ししたりしている事例も散見される。しかし、一見しただけでは特に意味がないような書き替えが、意外なところで重大な相続事情と結びついている可能性も少なくなかったのである。

ところで、大名相続においては被相続者に対して「十七歳以上」という年齢的制約と同時に、将軍への「お目見え」というもう一つの大きな関門があった。本書は主に十七歳の問題に焦点をあてて検討してきたものであるが、ここでは「お目見え」への対応から大名相続をめぐる幕藩の動きを補足しておきたい。

「お目見え」の意味と位置づけ

もともと幕藩間の関係の基軸は、将軍と大名との個人的関係にあり、その関係のもっとも具体的な表明が将軍に対する拝謁儀礼、つまり「お目見え」であった。とくに、はじめての「お目見え」は極めて重要な儀礼として位置づけられ、『寛政重修諸家譜』における大名の履歴の中でも、必ず記載される重要事項であった。

一般に、大名家の当主、あるいは嫡子は、十五、六歳頃までに将軍へのお目見えをはたすことが慣例となっていた。彼らが年ごろになると、幕府との間で「初お目見え」の日程調整が行われる。お目見えの日時が定まると、大名側では当日までの間に万全の準備を整えるべく、城内儀礼に精通した奏者番や御数寄屋坊主などを屋敷に招き、入念な指導を受け予行演習を行うなどした上で、将軍との対面に臨むことになる。他の諸儀礼とは異なり、初お目見えに限っては、当然のことながら名代は許されない。そして極端な場合には、この初お目見えが、将軍と大名とが直接対面する唯一の機会となってしまうこともあったのである。

では、将軍へのお目見えが叶わなかった場合には、どうなるのであろうか。結論からすれば、「お目見え」問題だけで解体された大名家は確認できない。しかし、実際には将軍へのお目見えができない大名当主がいなかったわけではない。その場合、どのような対応がなされたのであろうか。『諸例集』を見てみよう。『諸例集』とは、幕府法令だけでは判断に迷うもの、あるいは処理しがたい事項等について、大名側からの問い合わせや、それに対する幕府側の返答・指示、具体的な扱いなどを集約した先例集である。いわば、法令の文面からは読み取れない実態をかいま見ることができる史料であるが、この中から、お目見えができなかった若年大名の事例を抽出してみたい。

①享保十七年（一七三二）出羽上山藩の松平長恒
②宝暦十一年（一七六一）丹後宮津藩の本庄資昌
③天明五年（一七八五）筑前秋月藩の黒田長堅
④文化九年（一八一二）陸奥仙台藩の伊達周宗

以上の四例に共通していることは、本来ならば継承を認められないところながら、特例措置による家の存続を願い、最終的に許されている点である。

「特例」とする理由は、①の上山藩松平家の場合は徳川家の庶流分家に連なる一族であること、②の本庄家については五代将軍綱吉の生母桂昌院ゆかりの家であること、とされている。もともと大名相続には先祖の由緒と功績に報いるという側面があるが、この両家に対しては、ことさらその点が強調され、存続を切望する一族の総意に応えるという形がとられることになった。とくに松平家の場合は、一度提出された長恒本人の願書を差し戻し、その上であらためて親族の合意による願書を提出させている。また②の本庄家の場合も、親族連印という出願方法がとられたものであった。その主旨は、当主資昌の奉公不能を理由に領知返上を申し出る一方で、本音としては将軍の「御憐憫」による存続を乞うというものであり、結果的に継承が認められた事例であった。

③の秋月黒田家については、実は第一章でも触れているところであるが、本家である福岡藩黒田家は長崎警衛という特殊任務を担う家であり、その公務を代替できる唯一の分家であったことが顧慮されたという。また④の仙台藩伊達家は、「先祖以来の家柄、その上御縁辺の訳もこれあり」とされている。伊達家が有数の名家であることは言うまでもないが、ここで「御縁辺」とあるのは、幕初以来、伊達家が徳川家と縁戚関係にあったことに加えて、周宗自身も家斉の娘と縁約中であったことをさすものであろう。

いずれにせよこの四件は、若くして家督を継承した大名が、適齢を迎えてもお目見え困難な状況にあったとされる事例であり、原則を遵守すれば断絶を免れないところであった。その存続を認めるにあたっては、幕府としても相応の理由付けの上に、「特例」であることを強調せざるを得なかったのである。

なお、宝暦八年（一七五八）に十六歳で死亡した越前福井藩松平重昌については、「特命をもって」家の継承が認められているが、重昌はすでに将軍へのお目見えを果たした身であった。福井松平家が家門大名であったこともさることながら、お目見え済みであったことも存続を認める大きな理由の一つになっていたとみることができよう。

お目見えと身代わり相続—対馬藩宗家の事例—

もうひとつ見逃すことができないのは、天明五年（一七八五）の対馬藩宗家の事例である。これについては、身代わり相続の事例として第二章でも簡単に取り上げているが、多少不正確な部分もあったので、あらためて鶴田啓氏の研究を参考に、その経緯を振り返ってみたい（田中健夫編『前近代の日本と東アジア』）。この身代わりの一件は、まさしく将軍への拝謁問題が鍵となるものであった。

対馬藩の当主宗猪三郎が、国許で危篤状態となったのは、天明五年の六月のことである。この時、猪三郎は十五歳であったが、公的には二歳年長に届けられていたため、一応十七歳の基準には達していたことになる。宗家については、「朝鮮御用」という特殊な役目を担う立場にあったため、相続上でもしばしば「特例」が認められていた。たとえば、家督継承の「仰付」にあたっては、本来は将軍のお膝元である江戸「在府」が原則であったが、猪三郎の場合は対馬での継承、つまり「在国襲封」が許されていた。しかしその結果、猪三郎は一度も出府することなく、臨終の時を迎えてしまった。出府経験のなかった猪三郎は、将軍へのお目見えはむろんのこと、仮養子願書の形で自らの後継指名をする機会も逸していたのである。

猪三郎は、七月八日に対馬で死去する。国許においては、猪三郎が公的には十七歳になっていたことから相続についても楽観視していたが、七月二十八日、江戸で当主の訃報を受け取った家老は、即座に「お目見え前」という重大な問題に気付く。江戸家老はこの事態を「御家存亡の危機」と受け止め、早速昵懇の幕府役人のもとに赴いて内々に助言を求めた。もちろん、当主逝去を伏せてのことである。打診を受けた幕府役人は、猪三郎の他界を察知しながらも、あえて気づかぬふりを装いつつ、対応策としてまず後継候補を幕府に申請すべきとした。ただし当主が国許にいる場合には、その意思確認のための手続きが必要となる。具体的には、幕府役人を対馬に迎え、後継候補が当主本人の意に叶う人物であることを保証してもらうこと、いわゆる「判元見届」が不可欠であった。従って幕府役人を迎えるまでは、何としてでも当主猪三郎「存命」の形を取り繕わねばならない。すでに猪三郎を失っている対馬藩では、その身代わりとして弟（富壽）を病床におき、幕府役人に対面させるという苦肉の策をとるしかなかった。この時点では、判元見届によって後継者を確定し、その上で猪三郎の死去を公表する方針だったのである。

ところが、八月七日の時点で幕府の内々の指示は一転する。幕府老中に呼び出された江戸家老は、「猪三郎病気快気いたし候えば何の事もこれなく候」と言い含められた。つまり「猪三郎の病気が快復すれば、家の存亡に何の支障もない」とのことであり、要は判元見届のためではなく、非公式に弟を当主の身代わりとしてしまえば問題ないとの示唆であった。

結局、宗家側ではこの幕府の意向に従い、兄弟の入れ替えによって断絶の危機を回避することになる。もっとも、富壽という弟がいることはすでに幕府へも届出済になっていた。そのため「猪三郎」の身代わりとして弟富壽をあてるとともに、「富壽」にはその下の弟種壽を繰り上げ、国許で死去したのはまだ幕府へ届け出ていない「種壽」であった、としたのである。結果的に、当主猪三郎の公的履歴は、天明五年に一時重篤な病気に罹患したものの、幸いに大病を「克服」して健康を取り戻し、寛政二年（一七九〇）には江戸へ赴いて無事に将軍への拝謁も果たすことになった、とされたのである。

「公辺内分」か、特別の「思召」か

対馬藩宗家の身代わり事例は、お目見えが叶わなかった場合にも、身代わり相続があることを示すものであった。それならばなぜ、先の四件においては、「公辺内分」の形をとらなかったのであろうか。もちろん、相続には個別の事情があり一概には論じられないところであるが、少々強引であることを承知の上でもう少し探ってみよう。

四件のうち、松平家、本庄家、黒田家については、そもそも弟や甥などのような近親者の内に養子候補を見出すことができなかった。実際の後継者をみてみると、①の松平家の場合、信将は一応同姓とはいえ、遠い縁戚関係にまで遡らなければならず、血縁的には無縁同然であった。また②の本庄家はさらに深刻な状況にあり、同姓中を探しても適齢の男子を見いだせないまま、結果的には幕府の指示に従って老中酒井忠寄の七男資尹を養子として迎えることになる。

③の黒田家の場合も、同姓中に養子とすべき男子はいなかった。しかもこの時、秋月黒田家の当主として望ましいのは成人男子であった。もともと本家の福岡藩黒田家は長崎警衛の任務を担っていた

が、当時の本家の当主斉隆はまだ九歳であり、一刻も早く本家の代行を勤められる人物が求められていたのである。そのような中で注目されたのが、遠いながらも一応縁戚関係のある日向高鍋藩秋月種茂の次男長舒であった。ただし、長舒は黒田長堅よりも年長である。幕府の相続原則からすると、異姓の年長者を養子にすることはできない。お目見え前という問題に加えて、異姓の年長者を当主として迎えたいという特殊な相続を実現させるには、内々でことを運ぶのはいかにも困難であろう。むしろ、当時の黒田本家は一橋家から養子をもらい受けるなど、徳川家とも比較的近い関係にあり、そのことからすれば、無理に危うい手だてをとる必要はなかった。敢えて当主の病弱を公表し、その上で将軍の「お慈悲」を願う形で特殊な相続問題を決着させた、とするのは考えすぎであろうか。

一方、伊達周宗の場合、後継候補は弟の斉宗であり、あるいは家内で内々に入れ替えることも不可能ではなかったかも知れない。しかし、周宗はすでに将軍の娘の縁約相手と目される存在であった。その意味では、いくら弟とはいえ身代わりとすることはさすがに憚られ、例外的措置を求める道を選んだものと考えられよう。

ただしこの四例については、実は十七歳になる前にすでに当主が死亡していたとする説がつきまとっている。たとえば①の上山藩松平長恒の場合、『寛政重修諸家譜』では、隠居後は国許に戻り六十余歳の生涯を終えたとされている。ところが松平家の史料によると、長恒本人はすでに十三歳で死去してしまったため、家臣の子を身代わりとして当主の死去を秘匿したという（『上山市史』）。しかし、身分違いの男子をそのまま当主として将軍にお目見えさせることはできない。「十七歳」という養子出願の基準を満たした段階で、病気を理由に退身を願い、遠縁ながらも血縁的正当性をもつ分家筋の信将に家督を継がせたというのである。

また③の黒田家についても、福岡藩の記録「国計亀鑑・下」では、当主長堅の死去を天明四年二月としている。つまり一年半ほど死去を公表しなかったことになるが、この場合も、お目見えが問題となる時期を待って、奉公不能を理由に隠居を申し出たということになる。ちなみに長堅の公的な死亡年月日は天明五年九月であり、これは後継者長舒が継承を認められ、初お目見え、初帰国を果たし、長崎警衛の任務に就いた後のことであった。

さらに④の伊達周宗については、疱瘡罹患とされる時期に死亡していたとする説もある。いずれにせよ、この伊達周宗と②の本庄資昌は、相続許可から死去の公表までわずか二ヶ月ほどしかなく、死亡後の出願であった可能性は否定できないのである。

このような事例から考えると、お目見えの問題は「特例」を願う一つの契機になっていたといえるだろう。お目見えも果たせずに早世した当主の後継を実現させるためにとられた手段のひとつが身代わり相続であり、それも叶わない場合には、当主の死去を伏せたまま養子出願が可能となる時期、つまり十七歳の条件が満たされるのを待ち、その上で奉公が困難であることを公けにし、将軍の「御憐憫」、すなわち将軍による特別の思召しを願う形をとったものと推測されるのである。

複数の履歴

大名家における「公辺内分」の扱いは、内容の軽重を問わず、今後とも確認例が増えていくことはあっても、減ることはない。そのような状況に鑑みれば、もはや相続をめぐる「十七歳以上」と「お目見え」の制約は、ほとんど有名無実化していたといえるかも知れない。実際、この制約によって解体された大名家の例はほとんどなく、若年当主の問題が直ちに存亡に関わるという危機意識は、徐々に薄れつつあった。

とはいえ、幕府としても被相続者の資格とした「十七歳以上」と「お目見え」をないがしろにすることはできなかった。この相続資格は、将軍と大名との関係の根底にある「奉公」に関わる問題だったからである。ましてや大名側からすれば、相続原則が厳密に適用される可能性は極めて低いとしても、最終的には幕府側の恩情と黙認なくしては存続の保証はなかった。いわば「御大法」の重みは、なお大名家に大きくのしかかるものであった。だからこそ、公的な履歴においては可能な限り原則に抵触しない形を整えねばならず、幕末に至るまで、周到な大名履歴の辻褄合わせを繰り返すことになるのである。一方、大名家にとっては本来の系譜こそが血統の論理を示すものであり、家としての拠り所でもあった。そのため、相続上の問題からやむを得ず履歴に手を加えたとしても、内部的には本来の履歴に戻している事例が少なくない。例えば、岡山藩の分家である鴨方池田家の当主池田政善の命日は、公的には弘化四年（一八四七）四月二十七日として届けられたが、実際の死亡月日は前年の十月四日であった。池田家では一周忌を前に政善の忌日を「十月四日」に移すこととし、以来、法要などはこの日にあわせて執行されるようになっている。その意味では、公的履歴は相続のための方便として整えられたものであり、必ずしも実際の履歴通りではなかったが、幕府としても敢えてそれを追及することはなかった。その結果、幕府への報告資料とは異なる系譜が大名家の家内に温存され、伝えられることになったのである。

表向きは何事もなかったように進められた相続手続きの背後で、公的史料からでは窺いえない実態が潜んでいたところに幕藩関係の特質があり、それを具体的に読み取りうるものが複数存在する大名の履歴であったといえるであろう。

本書の原本は、二〇〇四年に角川書店より刊行されました。

著者略歴
一九五二年　東京都に生まれる
一九八二年　お茶の水女子大学大学院博士課程単位取得退学
湘南国際女子大学助教授・教授、多摩大学教授を経て
現　在　多摩大学名誉教授

〔著書・論文〕
『元禄期の幕政と大名たち』（NHK出版、一九九九年）、「大名相続をめぐる分家と一門」『権威と上昇願望』（〈江戸〉の人と身分3、吉川弘文館、二〇一〇年）

読みなおす日本史

お家相続
大名家の苦闘

二〇一八年（平成三十）九月一日　第一刷発行

著　者　大《おお》森《もり》映《えい》子《こ》
発行者　吉川道郎
発行所　株式会社　吉川弘文館
郵便番号一一三―〇〇三三
東京都文京区本郷七丁目二番八号
電話〇三―三八一三―九一五一〈代表〉
振替口座〇〇一〇〇―五―二四四
http://www.yoshikawa-k.co.jp/
組版＝株式会社キャップス
印刷＝藤原印刷株式会社
製本＝ナショナル製本協同組合
装幀＝渡邉雄哉

ISBN978-4-642-06766-9

刊行のことば

現代社会では、膨大な数の新刊図書が日々書店に並んでいます。昨今の電子書籍を含めますと、一人の読者が書名すら目にすることができないほどとなっています。ましてや、数年以前に刊行された本は書店の店頭に並ぶことも少なく、良書でありながらめぐり会うことのできない例は、日常的なことになっています。

人文書、とりわけ小社が専門とする歴史書におきましても、広く学界共通の財産として参照されるべきものとなっているにもかかわらず、その多くが現在では市場に出回らず入手、講読に時間と手間がかかるようになってしまっています。歴史の面白さを伝える図書を、読者の手元に届けることができないことは、歴史書出版の一翼を担う小社としても遺憾とするところです。

そこで、良書の発掘を通して、読者と図書をめぐる豊かな関係に寄与すべく、シリーズ「読みなおす日本史」を刊行いたします。本シリーズは、既刊の日本史関係書のなかから、研究の進展に今も寄与し続けているとともに、現在も広く読者に訴える力を有している良書を精選し順次定期的に刊行するものです。これらの知の文化遺産が、ゆるぎない視点からことの本質を説き続ける、確かな水先案内として迎えられることを切に願ってやみません。

二〇一二年四月

吉川弘文館

読みなおす
日本史

- 飛　鳥　その古代史と風土　門脇禎二著　二五〇〇円
- 犬の日本史　人間とともに歩んだ一万年の物語　谷口研語著　二一〇〇円
- 鉄砲とその時代　三鬼清一郎著　二一〇〇円
- 苗字の歴史　豊田　武著　二一〇〇円
- 謙信と信玄　井上鋭夫著　二二〇〇円
- 環境先進国・江戸　鬼頭　宏著　二一〇〇円
- 料理の起源　中尾佐助著　二一〇〇円
- 暦の語る日本の歴史　内田正男著　二一〇〇円
- 漢字の社会史　東洋文明を支えた文字の三千年　阿辻哲次著　二一〇〇円
- 禅宗の歴史　今枝愛真著　二六〇〇円
- 江戸の刑罰　石井良助著　二一〇〇円
- 地震の社会史　安政大地震と民衆　北原糸子著　二八〇〇円
- 日本人の地獄と極楽　五来　重著　二一〇〇円
- 幕僚たちの真珠湾　波多野澄雄著　二二〇〇円
- 秀吉の手紙を読む　染谷光廣著　二一〇〇円
- 大本営　森松俊夫著　二二〇〇円
- 日本海軍史　外山三郎著　二一〇〇円
- 史書を読む　坂本太郎著　二一〇〇円
- 山名宗全と細川勝元　小川　信著　二二〇〇円
- 東郷平八郎　田中宏巳著　二四〇〇円
- 昭和史をさぐる　伊藤　隆著　二四〇〇円
- 歴史的仮名遣い　その成立と特徴　築島　裕著　二二〇〇円

吉川弘文館
（価格は税別）

読みなおす
日本史

- 時計の社会史　角山　榮著　二二〇〇円
- 漢　方　中国医学の精華　石原　明著　二二〇〇円
- 墓と葬送の社会史　森　謙二著　二四〇〇円
- 悪　党　小泉宜右著　二二〇〇円
- 戦国武将と茶の湯　米原正義著　二二〇〇円
- 大佛勧進ものがたり　平岡定海著　二二〇〇円
- 大地震　古記録に学ぶ　宇佐美龍夫著　二二〇〇円
- 姓氏・家紋・花押　荻野三七彦著　二四〇〇円
- 安芸毛利一族　河合正治著　二四〇〇円
- 三くだり半と縁切寺　江戸の離婚を読みなおす　高木　侃著　二四〇〇円
- 太平記の世界　列島の内乱史　佐藤和彦著　二二〇〇円
- 白　隠　禅とその芸術　古田紹欽著　二二〇〇円
- 蒲生氏郷　今村義孝著　二二〇〇円
- 近世大坂の町と人　脇田　修著　二五〇〇円
- キリシタン大名　岡田章雄著　二二〇〇円
- ハンコの文化史　古代ギリシャから現代日本まで　新関欽哉著　二二〇〇円
- 内乱のなかの貴族　南北朝と「園太暦」の世界　林屋辰三郎著　二二〇〇円
- 出雲尼子一族　米原正義著　二二〇〇円
- 富士山宝永大爆発　永原慶二著　二二〇〇円
- 比叡山と高野山　景山春樹著　二二〇〇円
- 日　蓮　殉教の如来使　田村芳朗著　二二〇〇円
- 伊達騒動と原田甲斐　小林清治著　二二〇〇円

吉川弘文館
（価格は税別）

読みなおす日本史

地理から見た信長・秀吉・家康の戦略　足利健亮著　二二〇〇円
神々の系譜　日本神話の謎　松前　健著　二四〇〇円
古代日本と北の海みち　新野直吉著　二二〇〇円
白鳥になった皇子　古事記　直木孝次郎著　二二〇〇円
島国の原像　水野正好著　二四〇〇円
入道殿下の物語　大鏡　益田　宗著　二二〇〇円
中世京都と祇園祭　疫病と都市の生活　脇田晴子著　二二〇〇円
吉野の霧　太平記　桜井好朗著　二二〇〇円
日本海海戦の真実　野村　實著　二二〇〇円
古代の恋愛生活　万葉集の恋歌を読む　古橋信孝著　二四〇〇円
木曽義仲　下出積與著　二二〇〇円

足利義政と東山文化　河合正治著　二二〇〇円
僧兵盛衰記　渡辺守順著　二二〇〇円
朝倉氏と戦国村一乗谷　松原信之著　二二〇〇円
本居宣長　近世国学の成立　芳賀　登著　二二〇〇円
江戸の蔵書家たち　岡村敬二著　二四〇〇円
古地図からみた古代日本　土地制度と景観　金田章裕著　二二〇〇円
「うつわ」を食らう　日本人と食事の文化　神崎宣武著　二二〇〇円
角倉素庵　林屋辰三郎著　二二〇〇円
江戸の親子　父親が子どもを育てた時代　太田素子著　二二〇〇円
埋もれた江戸　東大の地下の大名屋敷　藤本　強著　二五〇〇円
真田松代藩の財政改革　『日暮硯』と恩田杢　笠谷和比古著　二二〇〇円

読みなおす
日本史

日本の奇僧・快僧　今井雅晴著　二二〇〇円

平家物語の女たち 大力・尼・白拍子　細川涼一著　二二〇〇円

戦争と放送　竹山昭子著　二四〇〇円

「通商国家」日本の情報戦略 領事報告を読む　角山　榮著　二二〇〇円

日本の参謀本部　大江志乃夫著　二二〇〇円

宝塚戦略 小林一三の生活文化論　津金澤聰廣著　二二〇〇円

観音・地蔵・不動　速水　侑著　二二〇〇円

飢餓と戦争の戦国を行く　藤木久志著　二二〇〇円

陸奥伊達一族　高橋富雄著　二二〇〇円

日本人の名前の歴史　奥富敬之著　二四〇〇円

お家相続 大名家の苦闘　大森映子著　二二〇〇円

はんこと日本人　門田誠一著　（続　刊）

中世の東海道をゆく 京から鎌倉へ、旅路の風景　榎原雅治著　（続　刊）

城と城下　近江戦国誌　小島道裕著　（続　刊）

江戸城御庭番 徳川将軍の耳と目　深井雅海著　（続　刊）

日本における書籍蒐蔵の歴史　川瀬一馬著　（続　刊）

戦国時代の終焉 「北条の夢」と秀吉の天下統一　齋藤慎一著　（続　刊）

吉川弘文館
（価格は税別）